대학생을 위한 NCS 기반

취업과 업무를 위한 표현 교육

대학생을 위한 NCS 기반

취업과 업무를 위한 표현 교육

초판 인쇄　　2020년 12월 24일
초판 발행　　2020년 12월 31일

지 은 이　　나은미
펴 낸 이　　박찬익

펴 낸 곳　　(주)**박이정**
주　　소　　경기도 하남시 조정대로45 미사센텀비즈 7층 F749호
전　　화　　02-922-1192~3 / 031-792-1193, 1195
팩　　스　　02-928-4683
홈페이지　　www.pjbook.com
이 메 일　　pijbook@naver.com

등　　록　　2014년 8월 22일 제2020-000029호

ISBN　79-11-5848-603-7　93700

대학생을 위한 NCS 기반

취업과 업무를 위한 표현 교육

나은미 지음

(주)박이정

머리말

　직업 활동에서 의사소통능력은 매우 중요하다. 특히 업무 수행 과정에서 필요한 쓰기 및 말하기 능력의 중요성이 부각되면서 기업들은 신입사원이 갖추어야 할 능력 중 하나로 글쓰기 및 말하기 능력을 요구하기 시작했다.

　글쓰기 및 말하기와 같이 오랜 연습이 필요한 능력은 단시일 내에 그 능력을 향상시키기 어렵기 때문에 기업의 입장에서 볼 때, 입사 후 재교육이 필요하지 않는 사원을 뽑고자 하는 것은 당연하다.

　그럼에도 불구하고 대학에서 취업을 위한 자기소개서, 면접에 대한 교육은 취업 캠프를 통한 1회성 교육에 그치거나, 1학년 대상의 사고와 표현 교육에서 한 꼭지 정도를 할애하는 경우가 많다.

　대학생을 위한 취업과 업무를 위한 표현 교육에 관한 책을 써야겠다고 생각한 것은 필자가 2012년부터 「취업전략과 자기표현」이라는 강좌를 　강의하면서였다. 이 강좌는 고학년을 대상으로 한 강좌인데, 마땅히 쓸 만한 교재를 찾기가 어려웠다. 대중서가 없는 것은 아니나 대학생들을 대상으로 하기에는 몇 가지 어려움이 있었다. 대중서의 경우는 아이디어만 나열되어 있고, 구체적인 쓰기 방법에 대한 안내가 부족했다. 또한 기획서 작성법, 자기소개서 작성법 등과 같이 하나의 유형을 한 권에 담고 있어 15~16주 체계인 대학 강의에 적절하지 않았다. 가장 문제가 되었던 점은 대부분의 대중서들이 직장인을 대상으로 하고 있어, 사회 경험이 전혀 없는 대학생들에게는 적절하지 않았다는 점이다.

　이 책은 대학생들이 취업을 준비하고 취업 후 업무에 효과적으로 적응할 수 있도록 하기 위한 것이다. 1부는 이론 내용으로 구성하고, 2부는 실전으로 구성하였다. 1부 1장에서는 현대인의 삶과 직업의 관계, 직업의 의미와 직업관, 대학생 시기와 직업 탐색의 필요성 등에 대해 다루었다.

2장에서는 업무능력과 언어 사용 능력의 관계, 국가직무능력에서 의사소통 능력, 직무 활동에서 글쓰기 및 말하기의 관계와 성격 그리고 전략 등 직업 활동과 의사소통능력의 관계를 다루었다. 3장에서는 취업 목적 장르가 가진 독특한 정체성과 그 성격을 이해할 수 있도록 구성하였다.

2부 실전은 세 개의 장으로 구성되어 있다. 4장에서는 취업을 위한 자기 소개서 작성 및 모의 면접 준비 과정을 다루었다. 구체적인 과정을 상세하게 기술하였고 실습 활동을 포함하고 있어 수업 중에 활용하기 쉬울 것이고, 혼자서도 공부할 수 있을 것이다. 5장은 업무 수행을 위한 글쓰기로 공문서 쓰기, 기획서 쓰기, 매뉴얼 쓰기, 전자우편 쓰기로 구성되어 있고, 6장 업무 수행을 위한 말하기로 프레젠테이션하기, 회의하기, 대화하기, 소개하기 등으로 구성되어 있다. 학생들이 업무 상황에서 수행할 쓰기와 말하기에 대해 미리 접해본다면 당황하지 않고 수행할 수 있을 것이다.

2부 실전 부분의 각 장은 세 부분으로 구성되어 있다. 각 장의 시작은 유형별 글과 말에 대한 정의와 이러한 유형의 글과 말이 직업 활동에서 어떤 의미인지를 다루었다. 이 부분을 통해 학습자들은 이러한 유형의 글과 말이 업무를 수행하는 과정에서 어떤 역할을 하는지 이해할 수 있을 것이다. 두 번째 부분에서는 구체적인 쓰기 및 말하기 방법을 다루었다. 특히 직업 생활 경험이 없는 대학생들이 따라할 수 있도록 구체적인 단계별 쓰기 및 말하기의 방법을 제시하였다. 그리고 각 장의 끝부분에는 배운 내용을 연습해 볼 수 있도록 실습 활동을 실었다.

이 책은 절실한 필요와 그동안의 강의 경험 덕에 나올 수 있었다. 후배들을 위해 자신의 글을 예문으로 쓸 수 있도록 허락해 준 학생들과 기꺼이 책으로 엮어 주신 박이정의 박찬익 사장님과 직원들께 감사드린다.

2020. 12.
저자 씀.

차 례

I부 이론

II부 실전

제 4 장 취업을 위한 자기소개서 작성 및 면접 준비

제 5 장 업무 수행을 위한 글쓰기

제 6 장 업무 수행을 위한 말하기

부록

I부

이론

제 1 장

삶과 직업

1. 현대인의 삶과 직업

현대사회에서 직업 활동은 삶의 중심 활동으로 등장했다. 삶의 거의 모든 활동이 직업 활동을 중심으로 배치되고 작동된다고 해도 과언이 아닐 정도이다. 우리는 직업 활동의 장소인 직장에 출근하기 위해 일어나는 시간을 조정하고 잠자는 시간을 제외한 많은 시간을 직업 활동을 하는 데 할애한다.

사는 지역 또한 자신의 사업장이나 소속된 직장에 따라 달라진다. 때로 직업 활동을 위해 다른 나라에 가서 살기도 하고 가족과 헤어져 살기도 한다.[1] 이러한 직업 활동 중심의 삶은 특별한 경우를 제외하고는 취업을 시작하는 20대 중후반부터 50~60대 정도까지 30~40년 정도의 긴 시간동안 유지된다. 즉 현대인은 전 생애의 반 정도의 긴 시간을 직업인으로서 삶을 사는 것이다.

---

[1] 최근에는 최신식 정보통신기기의 도움으로 자신이 있는 곳이 일터가 되는 '디지털 노마드'의 삶을 사는 사람들도 있지만 대부분은 직업 활동을 하는 데 공간의 제약을 받는 것이 현실이다.

2. 직업의 의미와 직업관

한자어 '직업(職業)'은 '맡아서 하는 일, 임무, 직분'을 의미하는 '職'과 '생계, 생업'을 의미하는 '業'이 합쳐진 말이다. 영어권에서 직업을 의미하는 'vocation'은 라틴어 'vocatio'에서 유래했는데 이 말은 신의 부름 혹은 소명을 받은 일이라는 뜻이 있다(이관춘 2013 : 98).[2]

어떤 일에 '직업'이라는 용어를 사용할 때는 다음과 같은 기준을 충족해야 한다(직업과 미래연구회 2015:44).

첫째, 성인이 하는 일이어야 한다.

둘째, 계속적으로 수행하는 일상적인 활동이어야 한다.

셋째, 경제적인 보상을 받아야 한다.

넷째, 사회적 효용성을 갖고 있는 일이어야 한다.

다섯째, 자기의 의사에 따라 하는 일이어야 한다.

여섯째, 노력이 소요되는 일이어야 한다.

---

2) 소명(calling)이란 개인적 삶의 목적을 실현하고 사회적으로 의미 있는 일을 의미한다. 이 말은 원래 종교적 개념으로 신의 부름을 받은 일이라는 의미로 사용되었으나, 차츰 일반화되어 개인적·사회적으로 의미 있는 일을 발견하여 그것에 헌신하는 것을 지칭하는 용어로 발전했다."(네이버 심리학용어사전).

이러한 직업은 개인의 생계수단으로서 일이기도 하지만 한 사람의 자아실현을 위한 활동이며, 사회적 역할을 실천하는 방편이기도 하다. 취업이 힘들어지고 경쟁이 치열해 지면서 자아실현으로서 직업과 사회적 역할 실천으로서 직업의 의미가 퇴색되고 생계 수단으로서 직업의 의미가 상대적으로 커진 감이 있지만 여전히 다른 가치들도 직업활동의 중요한 이유 중 하나이다.

다만 어떤 점에 중점을 두는지에 따라 다음과 같은 직업관을 들 수 있다(직업과 미래 연구회 2015 : 47-48).

첫째, 직업을 생계유지의 수단으로 생각하는 생계유지형 직업관이다. 이러한 직업관을 가진 사람들은 직업을 생계유지를 위한 것으로 여기기 때문에 수익이 중요하다. 그래서 이들에게 좋은 직업의 조건은 보수가 첫째 조건이 된다.

둘째, 직업을 통해 이웃과 사회를 위해 기여하고자 하는 기여지향형 직업관이다. 이러한 직업관은 가진 사람들은 자신의 일이 사회공동체가 지향하는 가치를 실현하고 사회에 기여하는 것인지가 직업 선택의 중요한 기준이 된다.

셋째, 직업을 통해 자아를 실현하고자 하는 자아실현형 직업관이다. 이러한 직업관을 가진 사람들은 어떤 일이 자신의 개성을 드러내는 일인지, 자신에게 즐거운 일인지가 중요한 기준이 된다.

2015년 사회조사 결과에 따르면 한국인들은 직업을 선택하는 요인으로 수입이라고 응답한 사람이 38.8%로 가장 높게 나타났고, 안정성(28.0%), 적성과 흥미(16.7%), 보람과 자아성취(5.4%)순으로 나타났다.[3] 위

---

3) 2009년도에는 수입(36.3%), 안정성(30.4%), 적성과 흥미(11.3%), 보람과 자아성취(7.4)로 나타났다.

에서도 언급했듯이 현대인의 삶에서 직업은 매우 중요한 비중을 차지하고 있는데, 직업의 역할은 매우 다양하다. 직업의 역할, 즉 기능을 정리해 보면 다음과 같다.

첫째, 직업은 생계유지를 가능하게 한다. 우리는 자신의 자유와 노동에 대한 대가로 일정한 수입을 얻고 그러한 수입으로 생계에 필요한 다양한 물건을 구입하며 일상의 삶을 영위해 나간다.

둘째, 직업은 소속감을 준다. 소속감은 인간의 기본 욕구인 안정감을 확보하게 한다. 우리는 성장하면서 다양한 공동체와 조직의 구성원으로서 소속감을 느낀다. 어머니의 품을 떠나 유치원, 초등학교, 중·고등학교, 대학교를 다니며 다양한 공동체에 소속되면서 안정감을 느낀다. 그리고 성인이 되면 직업 활동을 통해 특정한 조직과 커뮤니티에 소속되면서 안정감을 느끼게 된다.

셋째, 직업은 개인의 가치를 실현할 기회를 제공한다. 권력, 부, 명예 등 사람마다 추구하는 가치가 다르지만 우리는 자신이 추구하는 가치에 부합하는 직업 활동을 통해 자신의 가치를 실현하게 된다. 즉, 직업은 한 사람이 평생 동안 하는 일의 성격과 유형을 결정하며, 그 직업을 통해 자신이 추구하는 가치를 실현하게 된다.

넷째, 직업은 개인의 사회적 관계의 대상과 범위를 규정한다. 우리는 대체로 동일한 직업군의 사람들과 다양한 활동을 하면서 관계를 형성하고 활동한다. 하루 중 얼마나 많은 시간을 직장의 동료와 거래처 사람들과 보내는지를 보면 직업이라는 것이 인간관계에서 얼마나 중요한지 알 수 있다.

다섯째, 직업은 개인의 의식 속에 내면화되고, 사회적 지위를 결정한다. 우리가 자기 자신을 소개할 때 가장 먼저 언급하는 것이 직업이라는 것은 직업이 개인의 정체성을 구성하는 중요한 요소라는 것을 잘 보여준다. 또한 어떤 사회나 특정한 직업에 대한 사회적 지위를 부여하고 우리는 그러한 지위에 대한 관점을 내면화한다.

여섯째, 직업은 개인이 사는 곳을 결정한다. 현대인은 자신의 직업 활동지를 중심으로 사는 곳을 결정할 정도로 현대인의 삶에서 직업은 중요한 비중을 차지한다.

3. 대학생 시기와 직업 탐색

　대학생 시기는 학업에 대한 성취 뿐 아니라 '새로운 생활 양식과 자율적이고 합리적인 의사결정과 행동 양식 습득 등 여러 가지 심리적, 사회적, 개인적인 문제들을 경험하는 시기'(박진희·이상희 2013:1016)이다. 특히 본격적인 직업 활동에 앞서 직업을 탐색하고 준비하는 시기라고 할 수 있다.

　보통 한 사람의 일생을 계절에 비유하여 말하곤 한다. 봄, 여름, 가을, 겨울이 있고, 그러한 시기에 이루어지는 생명 현상이 있듯이 한 사람의 삶 역시 특정한 단계에 이루어야 할 과업이 있다. 예컨대 봄에는 만물이 소생하고 성장을 시작하듯 인생에서도 생명의 시작과 육체적인 성장이 이루어져야 하는 시기가 있다. 그리고 열매를 맺기 위해 적정량의 햇빛과 비가 필요하듯 성인으로서 사회에서 한 몫을 하기 이전에 정신적 성숙과 지적 성장의 시간이 필요하다.

　생애주기로 보면 대학생 시기는 청년기로, 계절에 비유하면 여름에 해당할 것이다. 적정량의 햇빛과 물을 공급받아야 좋은 열매를 맺을 수 있듯이 청년기를 어떻게 보내는가는 이후 건강한 성인의 삶에 지대한 영향을 끼친다. 즉 청년기는 건강한 성인의 삶의 토대가 되는 준비

기간인 것이다.

그런데 어떤 여름을 겪었는지에 따라 좋은 열매를 맺기도 하고 그렇지 못하기도 하듯이 청소년기에 어떤 경험을 하는지가 성공적인 성인기 진입의 관건이 된다. 좋은 열매를 맺기 위해 비바람에 가지가 꺾이는 고통을 감수하기도 하고 가뭄을 견디기도 하듯이 건강한 성인기로 진입하기 위해서는 성장과 성숙의 과정에 수많은 난관들을 겪어야 한다.

그래서 청년기가 되면 그동안 별 고민 없이 부모가 시키는 대로 해왔던 것들에 대해 되돌아보고 의문과 회의를 갖기도 한다. 또 나는 누구인가? 남들에게 나는 어떻게 보일까? 나는 무엇을 할 수 있는가? 무엇을 하며 살아야 할까? 결혼은 해야 할까? 한다면 어떤 배우자를 만나야 할까? 등 나를 둘러싼 환경을 점검하고 어떤 삶을 살 것인지를 진지하게 고민하게 된다.

이러한 탐색과 고민의 과정에서 청년들은 희망에 찬 꿈을 꾸기도 하지만 때로 혼란과 좌절을 겪기도 한다. 또한 삶과 직업에 대해 탐색하는 과정에서 어린 시절에 막연하게 꿈꾸었던 것들에 대해 두려움과 불안을 겪기도 한다. 특히 자신을 둘러싼 환경과 능력 사이에서 갈등하고 좌절하면서 고립감이나 무력감, 우울감, 생의 무가치함을 느끼기도 한다. 즉 청년기는 "꿈을 형성하고 성인생활을 위한 첫 인생구조를 설계할 준비를 하는 시기(Levinson은)"이고, "자기에 대한 자유로운 탐색기(Allport)"이며, "정체감 위기의 시기(Erikson)"인 것이다(김애순 2010 : 43 재인용).

인간의 전 생애를 8단계로 설명하는 Erikson에 의하면 대학생 시기는 청년기의 끝과 성인기 초기에 해당한다. 청년기는 성인으로서 삶을 준비하는 단계로 성인의 책임과 역할을 지연시켜주고 앞으로 어떻게 살아가야 할 것인지 삶의 양식(life style)을 탐색하도록 허용되는 심리적·사회적 집행 유예기이다. 이 시기에 자신의 삶에 대해 적절하고 충분하게 탐색함으로써 성인기로 안정적으로 이행하는 것이 중요하다.

▶ 생애주기에 따른 성취 요소

노년기								자아통합 대 절망 (지혜)
중년기							생산성 대 침체 (배려)	
성인기						친밀감 대 고립감 (사랑)		
청년기					정체감 대 역할 혼미 (충실성)			
학령기				근면성 대 열등감 (유능감)				
소년기			주도성 대 죄의식 (목적)					
유년기		자율성 대 수치심 (의지)						
유아기	신뢰 대 불신 (희망)							

한국의 청년들이 적극적으로 자아 탐색에 몰입하고 자아 정체감의 형성을 위해 고민하는 청년기는 대학생 시기이다.[4] 고민의 과정에서 군대를 선택하거나 휴학을 하는 등 탐색에 몰입하기 위해 또는 혼란과 갈등의 문제해결을 위해 대학시절을 적극적으로 유예하기도 한다.[5]

대학생 시기의 고민 중 가장 큰 고민은 직업 선택의 고민이다. Marcia(1966, 1980)는 청년기에 직업에 대한 확고한 신념, 종교적 이념, 정치적 가치관, 성적 지향 등의 차원에 어느 정도 정체성을 발달시키고 있는지를 위기(crisis)와 관여(commitment)의 차원에서 조사하였다. 조사 결과는 위기와 관여의 과정을 모두 겪은 사람들이 그렇지 않은 사람들보다 건강하고 안정적인 삶을 영위한다는 것을 보여준다.

---

4) 자아 정체감(ego identity)이란 나를 남들과 구별해 주는 비교적 안정된 나만의 고유한 특성이라고 할 수 있다. 이러한 자아 정체감이 적절하게 이루어지지 못할 경우, '개인의 심리적 불균형을 초래할 뿐 아니라 온전한 사회적 삶을 살아가는 것을 어렵게 만드는 요인이 될 수 있다.'(박진희·이상희 2013:1016).

5) Erikson은 개인의 정체감을 심리사회적 정체감(psycho-social identity)과 개별적 정체감(individual identity)으로 구별한다. 전자는 "나는 한국인이다."와 같은 민족적 주체의식으로 드러나며 "나는 ○○대학교 학생이다"와 같은 소속감으로 표출되기도 하는 집단적 정체의식을 말하며, 후자는 이러한 집단적 정체감 속에서도 "나는 남들과는 다른 고유한 존재이다"와 같은 주관적 측면의 정체감이다(서봉연 1986).

▶ Marcia의 네 가지 정체감 발달 지위[6]

정체감 발달 지위	위기	관여
정체감 성취	○	○
정체감 유실	×	○
정체감 유예	○	×
정체감 혼미	×	×

- **위기**(crisis) : 직업 선택이나 가치관 등의 문제로 심각하게 고민과 갈등, 방황을 하면서 진지하게 자기 탐색을 하고 있는 경우를 말한다.
- **관여**(commitment) : 직업 선택, 가치, 이념 등에 대한 방향이나 우선 순위가 비교적 확고하게 설정되어 있고, 실제로 그것을 성취하는 데 필요한 적절한 활동에 적극적으로 참여하고 있는 경우를 말한다.

정체감 성취(identity achievement) 지위

위기와 관여를 모두 경험한 경우이다. 이 지위에 있는 사람들은 어린 시절부터 가지고 있던 꿈과 이상, 그리고 가치들과 새로 부딪친 정보나 자극들 사이에서 진지하게 고민하고 갈등을 경험한 적이 있다. 또한 이러한 고민과 갈등의 과정에서 새로운 대안들을 탐색해 보고 자신을 재정립해서 직업적 방향이나 가치와 이념 등에 대한 선택과 결정을 했을 뿐 아니라, 이러한 것들을 실현하는 데 필요한 구체적인 활동에 참여하고 있는 경우이다. 즉 갈등과 고민의 과정을 겪었으며 이러한 문제를 해결하기 위한 대안 탐색의 시간을 경험하고 구체적인 계획을 실천에 옮기고 있는 경우이다.

---

6) Marcia의 발달 지위와 Erikson의 이론에 대한 내용은 김애순(2010)을 참고하였다.

정체감 유실(identity foreclosure) 지위

자기 탐색을 위한 위기를 경험한 적은 없으나 이미 어떤 대안을 설정하여 구체적인 무엇인가를 하고 있는 경우이다. 이들은 직업적 추구나 가치관 등에 대해 확실한 선택과 우선 순위가 설정되어 있기는 하나 이러한 우선 순위가 부모나 타인의 권유에 따른 것으로 자신이 이런 문제에 대해 심각하게 고민하고 갈등해 본 경험은 없다.

정체감 유예(identity moratorium) 지위

자기 탐색을 위한 위기를 겪고 있는 상태이나 아직 어떤 뚜렷한 대안을 설정해서 관여하고 있지는 않은 경우이다. 즉 이들은 직업, 가치관, 결혼, 삶의 방향 등 다양한 문제들에 대해 고민과 갈등을 하고 있고, 가능한 대안을 찾기 위해 방황하고 있으나 아직 확실한 결정과 선택을 하지 않았으며 적절한 활동을 하고 있지도 않은 상황이다.

정체감 혼미(identity diffusion) 지위

정체감 혼미 지위에 있는 사람들은 위기도 관여도 경험해 본 적이 없다. 말하자면 직업적 추구, 종교적, 정치적 이념이나 가치에 대해 의문과 갈등을 느끼지도 않을뿐더러 인생의 방향이나 목표에 대해 진지하게 탐색해보려는 동기가 없이 여기저기 참여했다가 쉽게 중단해 버리는 경우이다.

정체감 성취 지위에 있는 사람들은 '야망이 높고 스트레스가 심한 상황에서도 지적 수행 수준이 높았으며, 부정적 평가에도 자존심이 덜 상하고 권위적인 가치에 덜 복종적이었다.' 반면 정체감 유실 지위에 있는 청년들은 '권위주의적 가치를 중요시 여겼고 자신에 대한 부정적 평가에 심적인 타격이 컸으며 스트레스 상황에서는 지적과제의 수행이 저조하였고 실패에 대해 비현실적인 태도를 보였다.'

그런데 자아 정체감 유예 지위에 있는 사람들은 정체감 성취 지위에 있는 사람들과 유사한 특징을 보였고, 정체감 혼미 지위에 있는 사람들은 정체감 유실 지위에 있는 사람들과 유사한 특징을 보였다.

이러한 조사 결과는 아무런 고민 없이 성인으로 진입하는 것보다 자신의 꿈과 주변 환경, 그리고 자신의 능력 등에 대해 충분히 갈등하고 좌절하면서 자신만의 정체성을 설정하고 스스로 방향성을 설정하는 것이 중요하다는 것을 보여준다.

《실습 활동》 ──────────────────────

01 직업에 대한 생계유지형 직업관, 기여지향형 직업관, 자아실
현형 직업관의 대표적인 직업 사례를 들고 자신은 어떤 유형
의 직업관을 지향하는지, 그 이유가 무엇인지 말해 보자.

02 대학생을 예비 사회인이라고 하는 이유에 대해 말해보고, 자
신은 직업 활동을 위해 어떤 준비를 하고 있는지에 대해서
말해보자.

03 자신의 자아 정체감 발달 지위는 어떤 유형인지 분석하고, 안정적인 성인기로 이행을 위해 지금 해야 할 일이 무엇인지 말해 보자.

04 현대인의 삶에서 직업이 어떤 의미인지 생각해 보고, 직업을 선택할 때 고려해야 할 점이 무엇인지 자유롭게 의견을 말해 보자.

제 2 장

직업 활동과 의사소통능력

1. 업무능력과 언어 사용 능력의 관계

현대 사회에서 언어 사용 능력의 중요성은 점점 커지고 있다. 중요성에 대한 인식은 대학 교양국어 편제를 언어 사용 능력 중심, 예컨대 읽기·듣기·쓰기·말하기 중심 체계로 전환시킨 원동력이 되었고, 대학들이 언어 사용 능력 향상 중심으로 그 편제를 바꾼 지 20여 년이 되어 간다.

대학은 중·고등학교와 달리 사회의 요구에 민감하게 반응할 수밖에 없다. 취업이 대학 평가의 주요한 요인이 되며 더 나아가 대학의 생존과 직결되는 문제이기 때문이다. 이러한 문제는 대학의 존립 이유, 대학의 사명 등과 맞물려 다양한 논의를 불러일으켰고, 다양한 반성적 성찰을 촉구하기도 했다. 하지만 취업률이 대학 평가의 취업률이 대학 평가의 주요 지표가 되고 있고, 직업 생활이 삶의 중요한 비중이 되고 있는 현실을 무시하기는 어려운 실정이다.

생물학자로 많은 대중서를 집필하여 대중과 소통하면서 자신의 입지를 더욱 탄탄하게 하고 있는 최재천(이화여대 에코과학부) 교수는 "세상 모든 일이 결국 글을 쓰는 능력으로 판가름 난다."고 말할 정도로 현대사회에서 글쓰기의 영향력을 높이 평가한다. 그는 "대학 교수는 물론 과학자도 직장인도, 심지어 치킨집 사장님도 글을 잘 써야 한다. 치킨집 간판이든 광고전단이든 만들어야 한다."고 말한다(2012 서울 국제도서전 '인문학 아카데미' 강연 내용, 뇌와 과학, 2012.06.21.).

그의 발언이 조금은 비약된 감이 있지만 의사소통이 중요한 시대에 글쓰기와 말하기, 즉 언어 사용 능력이 핵심 경쟁력이 된다는 점은 부인하기 어렵다. 대부분의 기업이 신입사원의 채용 과정에서 자기소개서와 면접 방식을 채택하고, 점점 강화되고 있는 이유 또한 언어 사용 능력이 업무능력과 상관관계가 높기 때문이다.

업무능력과 언어 사용 능력의 관계를 기업은 충분히 인식하고 있는 듯하다. 취업 포털 잡코리아가 국내 인사 담당자 330명을 대상으로 국어 능력이 좋은 신입사원이 업무 성과도 좋은지를 물은 결과, 조사 대상자의 83. 7%가 '그렇다'고 응답했다.[1] 하지만 신입사원의 언어 사용 능력은 좋지 않은 것으로 보인다. 신입사원의 국어 능력에 만족하는지를 묻는 질문에는 '대체로 불만족'이 49.4%, '불만족'이 10.3%로 60% 정도가 만족하지 못하다고 응답한 것이다.

대부분의 기업은 신입사원 교육에 막대한 투자를 하지만 언어 사용 능력은 단시일의 교육에 의해 향상되기는 어렵다. 그래서 기업은 이러한 언어 사용 능력을 검증하기 위해 자기소개서와 면접 전형을 강화하고 있는 추세이다. 더 나아가 국가 차원에서 업무에 필요한 직무 지식뿐 아니라 업무 활동 전반에 필요한 직업기초능력을 표준화하여 제시하고 있는데 의사소통능력은 직업기초능력 중 가장 중요한 능력 중 하나이다.

---

1) 특히 국어 능력 가운데 기획안 및 보고서 작성, 대화 능력 부족 등이 가장 부족하다고 응답했다(메트로, 2007. 11. 7).

2. 국가직무능력표준(NCS)에서 의사소통능력

국가직무능력표준(NCS, National Competency Standards)[2]이란 "산업 현장에서 직무를 수행하기 위해 요구되는 지식·기술·소양 등의 내용을 국가가 산업부문별 수준별로 체계화한 것으로, 산업 현장의 직무를 성공적으로 수행하기 위해 필요한 능력(지식, 기술, 태도)을 국가적 차원에서 표준화 한 것"이다(www.ncs.go.kr). NCS는 특정한 직무를 수행하는 데 필요한 능력인 직무수행능력과 모든 분야의 직업에서 공통적으로 필요한 능력인 직업기초능력으로 구성되어 있다. 직업기초능력이란 말 그대로 직업 생활을 하는 데 반드시 갖추어야 할 기초적인 능력이라고 볼 수 있다. 이 능력은 총 10가지 하위 영역으로 구성되는데, 의사소통능력은 이러한 능력 중 가장 기본이 되는 능력이라고 할 수 있다.[3]

---

2) 국자직무능력(NCS)에 대한 내용은 국가직무능력표준(www.ncs.go.kr)의 내용을 토대로 작성한 것이다.

3) 10가지 능력은 의사소통능력, 수리능력, 문제해결능력, 자기개발능력, 자원관리능력, 대인관계능력, 정보능력, 기술능력, 조직이해능력, 직업윤리 등이다.

1) NCS 도입 취지-스펙중심에서 능력중심 채용

정부는 NCS을 도입한 이유로 학벌과 학점, 외국어 능력, 자격증 등과 같은 스펙중심의 채용 방식 대신 업무의 적합성 등을 바탕으로 능력중심으로 사람을 뽑기 위한 것이라고 한다. 취업문이 높아지면서 스펙의 유형과 조건은 점점 많아지고, 취업준비생들은 이러한 스펙을 쌓는 데 시간과 자원을 쏟게 되었다. 하지만 정작 다양한 스펙이 생산성을 보장하지는 못할 뿐 아니라 산업 현장에 필요한 능력이 부족하다는 것이 밝혀진 것이다.

NCS는 이러한 문제를 해결하기 위해 국가 차원에서 표준안을 마련한 것이다. 즉 산업 현장을 직무별로 분류하고 해당 직무에 필요한 능력을 도출하여 제시한 것이다. 기업의 입장에서 신입사원을 채용할 때 활용할 수 있으며, 취업준비생들 역시 자신이 지원할 직무에 필요한 능력이 무엇인지 알고 해당 능력을 키울 수 있도록 한 것이다.

직무란 '직책이나 직업상에서 책임을 지고 담당하는 일'을 말한다. 국가직무능력표준(NCS)에서는 표준화된 직무분류표를 제공하고 있다. 직무분류표란 동일 또는 유사한 역할이나 능력을 가진 직무 집단을 수평 또는 수직으로 분류하여 특정 직무의 과업과 행위를 체계적으로 볼 수 있게 정리한 표이다. 예를 들어 아래 표는 인사기획 팀장의 주요 직무가 임원회의의 주관과 직원을 육성하는 것이고, 관리직종으로 기획직군 중 인사기획 직렬에 해당함을 한 눈에 보여 준다.

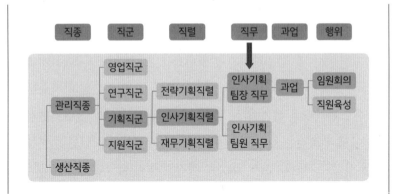

* 현재 NCS를 관리·운영하는 한국산업인력공단은 NCS 홈(www.ncs. go.kr)에 현재 24개 대분류 아래 중분류와 소분류 체계로 세분화하여 각각의 직무에 따른 과업을 제공하고 있으며 자료를 계속 업데이트하고 있다.

이미 많은 공기업들이 NCS에 근거하여 신입사원을 뽑고 있으며, 사기업들 역시 NCS 제도를 도입할 가능성이 높다. 이미 130개 공공기관이 올해부터 NCS를 전면 적용해 올해에만 3,000여명을 채용하기로 했고, 2017년까지는 모든 공공기관에서 NCS 중심의 채용을 도입할 예정이다(문화일보 2015.3.27.). 또한 정부의 강력한 권고가 있는 한 사기업에서도 이 제도를 수용할 확률이 높다.

다음은 NCS 홈페이지에 제시된 NCS의 개념도이다.

▶ 국가직무능력표준 개념도

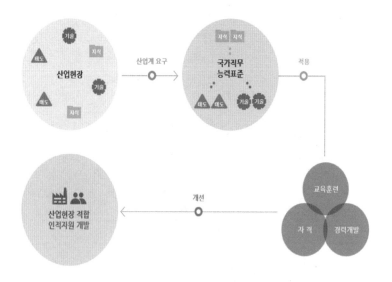

출처 : 국가직무능력표준 www.ncs.go.kr

위의 개념도는 NCS의 도입 취지가 산업계의 요구를 반영하여 산업 현장에서 필요한 직무능력을 추출하고, 이러한 추출된 능력을 교육훈련 및 경력개발과 자격증 등의 교육 근거로 활용하여 산업 현장에 적합한 인재를 양성하겠다는 것임을 잘 보여준다.

직무능력 또는 역량이라고 번역되어 사용되고 있는 'Competency'라는 용어는 McClelland(1973)에서 처음으로 사용되었다. 역량이란 "우수한 성과를 나타내는 개인의 행동 특성 및 능력으로 지식, 기술, 태도와 그 밖에 다양한 특질들이 통합되어 나타나는 내적 특성"(이철기·한상일·정현석 2013:110)을 말한다. 즉 고성과를 내는 사람들은 기업의 경영전략이나 기업의 방향에 대한 이해 수준이 높았으며, 업무 관련 지식의 습득도 및 활용도가 높았다. 더 나아가 이들은 업무에 대한 태도가 적극적이고 긍정적이었다는 것이 밝혀졌다.

▶ 고성과자의 역량 구성 요소

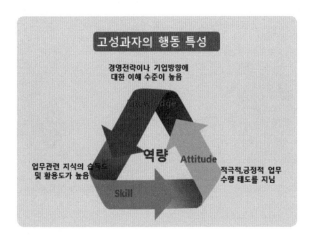

이러한 역량을 모든 산업 분야에서 필요한 행동 양식과 특정 직무에서 필요한 행동 양식으로 구분하여 전자를 직업기초능력(또는 기초직업능력), 후자를 직무수행능력이라고 구분하였다(나승일 외 2003). 학자에 따라 전자를 공통역량, 산업공통역량, 필수직업능력 등 다양한 용어를 사용하지만 핵심은 특정 직무에 필요한 행동 양식을 직무수행능력이라고 하고 직종과 직업을 불문하고 모든 직업 생활에 필요한 능력이 직업기

초능력임을 알 수 있다.[4)]

이러한 능력을 표준 직무의 성취 기준을 개발하여 국가자격체계와 연계시키고 국가인적 자원개발의 큰 틀 속에 '일-교육·훈련-자격'을 국가 수준에서 연계시킨 것이 국가직무능력표준(NCS, National Competency Standards)이다. 즉 이는 직업 생활을 성공적으로 수행하는(기업의 입장에서 생산성을 높은 사람) 사람들의 특성을 추출하여 그 특성을 갖출 수 있도록 직업 생활 이전에 교육과 훈련을 시킬 수 있다는 것을 전제하고, 그러한 교육을 대학(전문대학, 직업고등학교 등)에서 할 수 있다는(해야 한다는) 것이다.

---

4) 역량을 McClelland(1973)는 "성공적인 결과와 인과적으로 관계가 있는 효과적인 사고와 행동"이라고 정의했으며, Spencer & Spencer(1973)는 "특정한 상황이나 직무에서 준거와 관련되면서 우수한 성과의 원인이 되는 개인의 내적 특성"이라고 Dubois(1973)는 "조직 환경 속에서 직무의 질적 목표를 달성해 낼 수 있는 조직 구성원의 능력"이라고 정의했다.

2) 직무수행능력과 직업기초능력

(1) 직무수행능력

직무수행능력은 특정한 직무를 분류하고 유형화하여 필요한 행동 양식을 명세화한 것이다. NCS 직무 분류는 한국고용직업분류(KECO: Korean Employment Classification of Occupations)를 중심으로, 한국표준직업분류, 한국표준산업분류등을 참고하여 분류하였으며 '대분류(24) → 중분류(78) → 소분류(241) → 세분류(948개)'의 순으로 구성되어 있다.

▶ **직무수행능력 분류체계도 예시**

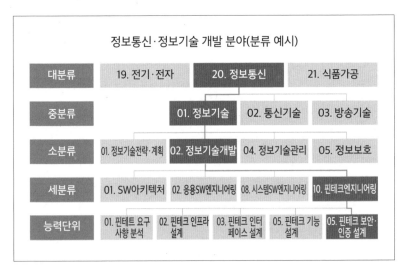

출처 : 국가직무능력표준 www.ncs.go.kr

또한 직무수행능력은 1~8 수준까지 등급화 되어 있는데, 4~5 수준을 학사 정도의 능력을 갖춘 것으로 본다.

▶ 국가직무능력의 8단계 수준 중 4~5수준

수준	항목	내용
8수준	정의	해당분야에 대한 최고도의 이론 및 지식을 활용하여 새로운 이론을 창조할 수 있고, 최고도의 숙련으로 광범위한 기술적 작업을 수행할 수 있으며 조직 및 업무 전반에 대한 권한과 책임이 부여된 수준
	지식기술	해당분야에 대한 최고도의 이론 및 지식을 활용하여 새로운 이론을 창조할 수 있는 수준/ 최고도의 숙련으로 광범위한 기술적 작업을 수행할 수 있는 수준
	역량	조직 및 업무 전반에 대한 권한과 책임이 부여된 수준
	경력	수준7에서 2-4년 정도의 계속 업무 후 도달 가능한 수준
7수준	정의	해당분야의 전문화된 이론 및 지식을 활용하여, 고도의 숙련으로 광범위한 작업을 수행할 수 있으며 타인의 결과에 대하여 의무와 책임이 필요한 수준
	지식기술	해당분야의 전문화된 이론 및 지식을 활용할 수 있으며, 근접분야의 이론 및 지식을 사용할 수 있는 수준/고도의 숙련으로 광범위한 작업을 수행할 수 있는 수준
	역량	타인의 결과에 대하여 의무와 책임이 필요한 수준
	경력	수준6에서 2-4년 정도의 계속 업무 후 도달 가능한 수준

6수준	정의	독립적인 권한 내에서 해당분야의 이론 및 지식을 자유롭게 활용하고, 일반적인 숙련으로 다양한 과업을 수행하고, 타인에게 해당분야의 지식 및 노하우를 전달할 수 있는 수준
	지식기술	해당분야의 이론 및 지식을 자유롭게 활용할 수 있는 수준 일반적인 숙련으로 다양한 과업을 수행할 수 있는 수준
	역량	타인의 결과에 대하여 의무와 책임이 필요한 수준 독립적인 권한 내에서 과업을 수행할 수 있는 수준
	경력	수준5에서 1-3년 정도의 계속 업무 후 도달 가능한 수준
5수준	정의	포괄적인 권한 내에서 해당분야의 이론 및 지식을 사용하여 매우 복잡하고 비일상적인 과업을 수행하고, 타인에게 해당분야의 지식을 전달할 수 있는 수준
	지식기술	해당분야의 이론 및 지식을 자유롭게 사용할 수 있는 수준 매우 복잡하고 비일상적인 과업을 수행할 수 있는 수준
	역량	타인에게 해당분야의 지식을 전달할 수 있는 수준 매우 복잡하고 비일상적인 과업을 수행할 수 있는 수준
	경력	수준4에서 1-3년 정도의 계속 업무 후 도달 가능한 수준
4수준	정의	일반적인 권한 내에서 해당분야의 이론 및 지식을 제한적으로 사용하여 복잡하고 다양한 과업을 수행하는 수준
	지식기술	해당분야의 이론 및 지식을 제한적으로 사용할 수 있는 수준 복잡하고 다양한 과업을 수행할 수 있는 수준
	역량	일반적인 권한 내에서 과업을 수행할 수 있는 수준
	경력	수준3에서 1-3년 정도의 계속 업무 후 도달 가능한 수준

3수준	정의	제한된 권한 내에서 해당분야의 기초이론 및 일반지식을 사용하여 다소 복잡한 과업을 수행하는 수준
	지식기술	해당분야의 이론 및 지식을 제한적으로 사용할 수 있는 수준 복잡하고 다양한 과업을 수행할 수 있는 수준
	역량	일반적인 권한 내에서 과업을 수행할 수 있는 수준
	경력	수준2에서 1-3년 정도의 계속 업무 후 도달 가능한 수준
2수준	정의	일반적인 지시 및 감독 하에 해당분야의 일반 지식을 사용하여 절차화되고 일상적인 과업을 수행하는 수준
	지식기술	해당분야의 일반지식을 사용할 수 있는 수준 절차화되고 일상적인 과업을 수행할 수 있는 수준
	역량	일반적인 지시 및 감독 하에 과업을 수행할 수 있는 수준
	경력	수준1에서 6-12개월 정도의 계속 업무 후 도달 가능한 수준
1수준	정의	구체적인 지시 및 철저한 감독 하에 문자이해, 계산능력 등 기초적인 일반 지식을 사용하여 단순하고 반복적인 과업을 수행하는 수준
	지식기술	문자이해, 계산능력 등 기초적인 일반 지식을 사용할 수 있는 수준/단순하고 반복적인 과업을 수행할 수 있는 수준
	역량	구체적인 지시 및 철저한 감독 하에 과업을 수행하는 수준

출처 : 국가직무능력표준 www.ncs.go.kr

각각의 수준은 정의, 지식기술, 역량, 경력으로 구성되어 있다. 정의는 해당 수준이 어느 정도의 수준인지 그 범주를 정한 것이며, 지식 기술은 해당 수준에서 갖추어야 할 이론적 지식과 기술이 어떤 것들인지를 명시한 것이다. 역량은 이러한 이론적 지식과 기술을 아는 수준을 넘어 실제적으로 활용할 수 있어야 함을 명시한 것이다. 한편 이러한 모든 업무 수준은 경력을 통해 상위 수준으로 이행할 수 있도록 체계화되어 있다.

위의 표를 통해 알 수 있듯이 4수준에서 1~3년 정도의 경력을 쌓으면 5수준에 도달하는 것이다. 4년제 대학 졸업자 중 신입사원에게 요구되는 4수준은 '해당분야의 이론 및 지식을 사용'하여 '복잡하고 비일상적인 과업을 수행'할 수 있는 정도의 수준이다. 즉 자신의 전공 영역의 이론적 지식과 기술을 활용하여 구체적인 상황에서 과업을 수행할 수 있어야 한다는 것이다. '복잡하고 비일상적인 과업'이 무엇인지 명시적으로 기술되어 있지는 않지만 매뉴얼화되어 있는 상시적이고 관습적인 업무가 아닌 종합, 협의, 협상, 조율 등 판단이 필요한 업무라는 것을 추론할 수 있다.

(2) 직업기초능력

직업기초능력은 모든 직종의 업무에 필요한, 즉 직업 생활을 하는 데 필요한 기초적인 능력을 의미하는데, 다음 10개의 하위 능력으로 구성되어 있다.

▶ 직업기초능력의 10가지 하위 능력

하위 능력	내용
의사소통능력	업무를 수행함에 있어 글과 말을 읽고 들음으로써 다른 사람이 뜻한 바를 파악하고, 자기가 뜻한 바를 글과 말을 통해 정확하게 쓰거나 말하는 능력이다.
수리능력	업무를 수행함에 있어 사칙연산, 통계, 확률의 의미를 정확하게 이해하고, 이를 업무에 적용하는 능력이다.
문제해결능력	업무를 수행함에 있어 문제 상황이 발생하였을 경우, 창조적이고 논리적인 사고를 통하여 이를 올바르게 인식하고 적절히 해결하는 능력이다.
자기개발능력	업무를 추진하는데 스스로를 관리하고 개발하는 능력이다.
자원관리능력	업무를 수행하는데 시간, 자본, 재료 및 시설, 인적자원 등의 자원 가운데 무엇이 얼마나 필요한지를 확인하고, 이용 가능한 자원을 최대한 수집하여 실제 업무에 어떻게 활용할 것인지를 계획하고, 계획대로 업무 수행에 이를 할당하는 능력이다.
대인관계능력	업무를 수행함에 있어 접촉하게 되는 사람들과 문제를 일으키지 않고 원만하게 지내는 능력이다.

정보능력	업무와 관련된 정보를 수집하고, 이를 분석하여 의미 있는 정보를 찾아내며, 의미 있는 정보를 업무 수행에 적절하도록 조직하고, 조직된 정보를 관리하며, 업무 수행에 이러한 정보를 활용하고, 이러한 제 과정에 컴퓨터를 사용하는 능력이다.
기술능력	업무를 수행함에 있어 도구, 장치 등을 포함하여 필요한 기술에는 어떠한 것들이 있는지 이해하고, 실제로 업무를 수행함에 있어 적절한 기술을 선택하여 적용하는 능력이다.
조직이해능력	업무를 원활하게 수행하기 위해 국제적인 추세를 포함하여 조직의 체제와 경영에 대해 이해하는 능력이다.
직업윤리	업무를 수행함에 있어 원만한 직업 생활을 위해 필요한 태도, 매너, 올바른 직업관이다.

출처 : 국가직무능력표준 www.ncs.go.kr

3) 직업기초능력에서 의사소통능력

직업기초능력에서 의사소통능력이란 업무의 수행 과정에서 글과 말을 읽고 들은 후 다른 사람이 뜻한 바를 파악하고, 자기가 뜻한 바를 글과 말을 통해 정확하게 쓰거나 말하는 능력을 말한다. 이러한 능력은 문서이해능력, 문서작성능력, 경청능력, 언어구사능력, 기초 외국어능력으로 구성되어 있다. 기초 외국어능력을 제외한 네 가지 능력은 읽기, 쓰기, 듣기, 말하기 능력임을 알 수 있다.

▶ 의사소통능력의 하위 능력

하위 능력	정의	세부 요소
문서이해 능력	업무를 수행함에 있어 다른 사람이 작성한 글을 읽고 그 내용을 이해하는 능력	• 문서정보 확인 및 획득 • 문서 정보 이해 및 수집 • 문서 정보 평가
문서작성 능력	업무를 수행함에 있어 자기가 뜻한 바를 글로 나타내는 능력	• 작성 문서의 정보 확인 및 조직 • 목적과 상황에 맞는 문서 작성 • 작성한 문서의 교정 및 평가
경청 능력	업무를 수행함에 있어 다른 사람의 말을 듣고 그 내용을 이해하는 능력	• 음성 정보와 매체 정보 듣기 • 음성 정보와 매체 정보 내용 이해 • 음성 정보와 매체 정보에 대한 반응과 평가
언어구사 능력	업무를 수행함에 있어 자기가 뜻한 바를 말로 나타내는 능력	• 목적과 상황에 맞는 정보 조직 • 목적과 상황에 맞게 전달 • 대화에 대한 피드백과 평가
기초 외국어 능력	업무를 수행함에 있어 외국어로 의사소통 할 수 있는 능력	• 외국어 듣기 • 일상생활의 회화 활용

출처 : 국가직무능력표준 www.ncs.go.kr

NCS에서 요구하는 의사소통능력 표준은 하위 영역별, 수준별로 성취 기준을 제시하고 있는데, 그 내용을 정리하면 다음과 같다.

▶ 영역별, 수준별 의사소통능력의 성취 수준

구분			성취 수준
의사소통 능력		상	직장 생활에서 제안서, 기술매뉴얼과 같은 복잡한 내용의 문서를 읽거나 작성함으로써 정보를 종합하고, 업무 성과를 발표하는 상황에서 논리적으로 의사를 표현한다.
		중	직장 생활에서 메일, 공문과 같은 기본적인 내용의 문서를 읽거나 작성함으로써 정보를 요약하고, 회의와 토론과 같은 상황에서 주제에 맞게 의사를 표현한다.
		하	직장 생활에서 지시문, 메모와 같은 간단한 내용의 문서를 읽거나 작성함으로써 정보를 이해하고, 결과를 보고하는 간단한 상황에서 이해하기 쉽게 의사를 표현한다.
하위 능력	문서 이해 능력	상	직장 생활에서 최신 기술매뉴얼과 같은 복잡한 업무문서를 읽고, 필요한 정보를 종합한다.
		중	직장 생활에서 예산서, 주문서와 같은 기본적인 업무문서를 읽고, 필요한 정보를 요약한다.
		하	직장 생활에서 지시문, 메모와 같은 간단한 업무문서를 읽고, 필요한 정보를 확인한다.
	문서 작성 능력	상	제안서와 프레젠테이션과 같은 복잡한 문서를 논리적으로 작성한다.
		중	메일이나 공문과 같은 기본적인 문서를 형식에 맞게 작성한다.
		하	상사의 지시나 전화메시지와 같은 간단한 문서를 읽기 쉽게 작성한다.
	경청 능력	상	부서 전체의 회의에서 발표를 듣는 것과 같은 복잡한 업무 상황에서 들은 내용을 종합한다.
		중	고객의 주문전화를 받는 것과 같은 기본적인 업무 상황에서 들은 내용을 요약한다.
		하	상사의 지시를 듣는 것과 같은 간단한 업무 상황에서 들은 내용을 이해한다.
	의사 표현 능력	상	업무 성과를 발표하는 것과 같은 복잡한 상황에서 논리적으로 의사를 표현한다.
		중	부서의 회의 중 토론을 하는 것과 같은 기본적인 상황에서 주제에 맞게 표현한다.
		하	상사에게 결과를 보고하는 것과 같은 간단한 상황에서 이해하기 쉽게 의사를 표현한다.
	기초 외국어 능력	상	외국어로 된 메일을 받는 업무 상황에서 메일을 직접 읽고 의미를 이해한다.
		중	외국어로 된 메일을 받는 업무 상황에서 사전을 활용해서 해석하여 의미를 이해한다.
		하	외국어로 된 메일을 받는 업무 상황에서 다른 사람의 도움을 얻어 의미를 이해한다.

출처 : 의소소통능력 교수자용 매뉴얼 11쪽

표를 통해 알 수 있듯이 의사소통 능력과 각각의 기능 영역에 대해 '상, 중, 하' 수준별로 성취 기준을 제시하고 있다. 기능별로 성취 능력의 특성을 정리하면 다음과 같다.

▶ **직업기초능력의 등급별 및 영역별 성취 수준**

수준	업무 상황	기능 영역			
		읽기	쓰기	듣기	말하기
		문서이해 능력	문서작성 능력	경청 능력	의사표현 능력
상	복잡한 상황	제안서, 최신 기술매뉴얼	제안서, 프레젠테이션 문서	발표	발표
		상복잡한 상황 종합	논리적으로 작성	종합	논리적으로 표현
중	기본적인 상황	예산서, 주문서	메일, 공문	주문 (전화)	회의 중 토론
		중기본적인 상황요약	형식에 맞게 작성	요약	주제에 맞게 표현
하	간단한 상황	지시문, 메모	지시, 전화메시지	지시 내용	업무결과 보고
		하간단한 상황 확인·이해	읽기 쉽게 작성	이해	이해하기 쉽게 표현

NCS에서는 특정한 '업무 상황'과 연관된 '문서의 유형'을 제시하는 방식으로 성취 수준을 제시하고 있다. 이러한 성취 수준은 '상, 중, 하'

수준으로 제시되어 있는데, 4년제 대학 졸업자에게는 '상' 수준이, 2년제 대학 졸업자에게는 '중' 수준이, 고등학교 졸업자에게는 '하' 수준이 요구된다.

고등학교 졸업자에게 요구되는 '하' 수준은 읽기의 경우 업무와 연관된 지시문이나 메모 등의 간단한 업무 문서를 읽고 필요한 정보를 확인하는 정도의 수준이고, 쓰기의 경우 상사의 지시나 전화 메시지와 같은 문서를 읽기 쉽게 작성하는 정도의 수준이다. 듣기와 말하기의 경우도 상사의 지시를 알아듣거나 간단한 상황에서 상사에게 상황을 보고하는 정도의 수준이다. 즉 '하' 수준은 업무와 연관된 '간단한 상황'에서 정보를 '정확하게 듣고 이해하기 쉽게 표현'하는 정도임을 알 수 있다.

2년제 대학 졸업자에게 요구되는 '중' 수준은 읽기와 쓰기의 경우 예산서, 주문서, 메일, 공문 등과 같이 상시적으로 일어나는 업무 상황에서 발생하는 문서를 읽고 필요 정보를 요약하는 수준이며, 이러한 문서를 형식에 맞게 작성할 수 있는 수준이다. 또한 듣기와 말하기의 경우도 고객의 주문 전화를 받는 것과 같이 일상적인 업무 상황에서 듣기 수준이며 업무 회의 중 주제에 맞게 토론할 수 있는 수준이 요구된다. 즉 '중' 수준은 구체적인 업무와 연관된 문서를 이해하고 필요한 '정보를 선별하고 요약'할 수 있어야 하며, 또한 특정한 상황에서 '형식에 맞게 문서를 작성'할 수 있는 정도의 수준임을 알 수 있다.

4년제 대학 졸업자에게 요구되는 '상' 수준은 읽기의 경우 제안서나 최신 기술 매뉴얼과 같은 '복잡한 문서를 읽고 내용을 종합'할 수 있는 수준이며, 제안서와 프레젠테이션 문서와 같이 기획과 판단이 필요한 문서를 '논리적으로 작성'할 수 있는 수준이다. 또한 듣기와 말하기 역

시 부서 전체 회의에서 타인의 '발표를 듣고 내용을 종합'하는 수준이
며, '발표를 논리적'으로 할 수 있는 정도이다. 즉 '상' 수준은 매뉴얼이
있는 상시적인 업무라기보다 정보의 종합과 판단이 요구되는 상황임
을 알 수 있다.

3. 직업 활동과 글쓰기 및 말하기의 관계

직장 생활에서 말하기와 글쓰기는 좋든 싫든 해야 할 중요한 행위 중 하나이다. 업무를 수행하는 과정에서 모든 일은 말하기 또는 글쓰기가 수반되기 때문이다.

그러나 오랫동안 대부분의 사람들은 중요성과 필요성을 인식하고는 있으나 말하기나 쓰기 능력 향상을 위한 노력을 적극적으로 하지는 않았다. 이는 말하기나 글쓰기 능력은 타고난다고 생각하거나 모국어 화자라면 누구나 말을 하고 글을 쓸 수 있다고 생각하기 때문이다.

실제로 어떤 사람들은 타고난 언어 능력을 갖고 있는 경우도 있고, 누구나 자신이 하고 싶은 표현을 할 수는 있다. 문제는 누구나 잘 할 수 있는 것이 아니다. 누군가는 좀 더 효과적으로 말하거나 씀으로써 좋은 평가를 받기도 하고, 누군가는 상황에 맞는 적절한 표현 능력이 부족하여 좋지 않은 평가를 받기도 한다.

1) 고임금 종사자들이 언어 사용 능력이 상대적으로 좋다

한국고용정보원은 2008년 5월부터 11월까지 608개 직업에 종사하는 약 2만 1,700여명의 직장인을 대상으로 고임금 종사자와 저임금 종사자들의 업무능력을 조사한 바 있다. 조사 결과에 따르면 고임금 종사자와 저임금 종사자의 능력 중 가장 차이가 나는 능력은 '다른 사람들이 말하는 것을 집중해서 듣고 상대방이 말하려 하는 요점을 이해하거나 적절한 질문을 하는 능력'인 것으로 나타났다. 다음으로 '업무와 관련된 문서를 읽고 이해하는 능력', '글을 통해서 다른 사람과 효과적으로 소통하는 능력' 등이 높게 나타났다.

▶ **고임금 종사자와 저임금 종사자의 능력 차이**

업무능력	설명	저임금 평균*	고임금 평균*	차이 점수	순위 **
듣고 이해하기	다른 사람들이 말하는 것을 집중해서 듣고 상대방이 말하려는 요점을 이해하거나 적절한 질문을 한다	14.14	5.05	0.91	1
읽고 이해하기	업무와 관련된 문서를 읽고 이해한다	14.19	5.1	0.91	2
글쓰기	글을 통해서 다른 사람과 효과적으로 의사소통 한다	3.92	4.72	0.8	3
수리력	어떤 문제를 해결하기 위해 수학을 사용한다	4.07	4.77	0.7	4

문제해결	문제의 본질을 파악하여 해결방법을 찾고 이를 시행한다	4.13	4.82	0.69	5
판단과 의사결정	이득과 손실을 평가해서 결정을 내린다	3.91	4.6	0.69	6
기술분석	새로운 방법을 고안하고 기존의 방법을 개선하기 위해서 현재 사용되는 도구와 기술을 분석한다	4.08	4.76	0.68	7
논리적 분석	문제를 해결하기 위해(혹은 의사결정을 하기 위해) 체계적으로 이치에 맞는 생각을 해낸다	4.22	4.89	0.67	8
범주화	기준이나 법칙을 정하고 그에 따라 사물이나 행위를 분류한다	3.76	4.41	0.65	9
조직체계의 분석 및 평가	환경이나 조건의 변화가 조직의 체계, 구성, 방식에 어떤 영향을 미칠지 분석하고, 시스템의 효율성을 평가한다	3.7	4.32	0.62	10

※ 업무를 수행하는 데 필요로 하는 능력을 7점 척도 상에서 평정한 점수로써 점수가 높을수록 해당 능력을 많이 요구한다고 해석할 수 있음. 순위는 임금이 높은 종사자의 평균에서 임금인 낮은 종사자의 평균의 차이를 순서화한 것임

- 출처 : 한국고용정보원, 보도자료, 2009.5. 배포

2) 언어 사용 능력과 업무능력의 상관관계가 높다

직장인에게 언어 사용 능력은 자신의 능력을 입증하는 중요한 핵심 경쟁력이다. 직장인들도 이제 글쓰기 능력이 자신의 몸값을 올릴 수

있는 중요한 요인이라는 것을 인식하고 있는 것으로 보인다.[5] 그럼에도 불구하고 직장인 10명 중 7명은 업무상 문서작성에 어려움을 느끼고 있다고 한다(뉴시스, 2007.11.5.).[6]

글쓰기의 영향력은 비교적 글쓰기와 관계가 적을 것 같은 이공계 분야에서도 예외가 아니다. 미국의 성공한 기술자 4,000명을 대상으로 기술자가 직장 생활을 하는데 필요한 학과목이 무엇이라고 생각하느냐는 질문에 대해 다음과 같은 응답이 나왔다(임재춘 2003, '글 잘 써야 성공한다', 『글쓰기의 쾌락』).

▶ 산업체 근무를 성공적으로 수행하기 위하여 필요한 학과목

순위	학과목	순위	학과목
1	경영학	11	컴퓨터
2	기술 글쓰기(Technical Writing)	12	열전달
3	확률과 통계	13	기기사용 및 측정
4	발표(Public Speech)	14	데이터 처리
5	창의(Creative Thinking)	15	시스템 프로그래밍
6	개인간 인화	16	경제학
7	그룹간 인화	17	미분학

---

5) 잡코리아가 남녀직장인 1,267명을 대상으로 <직장인 글쓰기>에 대해 조사한 바에 따르면, 직장인 97.4%가 '글을 잘 쓰고 싶다'고 응답했는데, 잘 쓰고 싶은 이유(복수 응답)를 '자기계발을 위해서'가 67.3%로 가장 높게 나왔고, '직장에서 인정받기 위해(43.5%)', '창피하지 않기 위해서(19.1%)', '몸값을 올리기 위해(13.1%)', '책을 쓰고 싶어서(10.4%)', '기타(2.6%)' 순으로 조사됐다(데이터뉴스, 2009.10.19).

6) 위 조사에 따르면 업무 중 글쓰기에 대한 스트레스 강도는 10점 중 평균 6.25점으로 '광고·홍보(6.61)'에 이어 두 번째로 높게 나타났다.

8	속독(Speed Reading)	18	논리학
9	대화(Talking People)	19	경제분석
10	영업(Marketing)	20	응용프로그래밍

상위에 올라 있는 과목들 대부분은 언어 사용 능력임을 알 수 있다. 공학 글쓰기, 또는 기술 글쓰기 등으로 번역되고 있는 Technical Writing은 이공계 분야의 직종에서 시작된 글쓰기이지만 "복잡하고 어려운 기술적인 내용을 이해하기 쉽게 표현하는 글쓰기"로 직장인들이 업무의 일환으로 작성하는 모든 종류의 글이라고 확대 정의할 수 있다(임재춘 2003:10).[7] 한편 4위에 공적 말하기가, 8위에 속독, 9위에 대화가 올라 있다.

이러한 조사결과는 이공계 분야의 업무 수행에도 글쓰기나 말하기와 같은 능력은 중요한 핵심 능력임을 보여준다. 그래서 미국은 공대에서 기술 글쓰기(Technical Writing)나 프레젠테이션을 '공학인증제'의 일환으로 필수 과목으로 채택하고 있다(임재춘, 2003:30). 우리나라도 공학

---

7) 다음은 위키백과 사전의 설명 내용이다. Technical writing is a form of technical communication used in a variety of technical and occupational fields, such as computer hardware and software, engineering, chemistry, aeronautics and astronautics, robotics, finance, consumer electronics, and biotechnology. The Society for Technical Communication (STC) defines technical writing[1] as a broad field including any form of communication that exhibits one or more of the following characteristics: (1) communicating about technical or specialized topics, such as computer applications, medical procedures, or environmental regulations; (2) communicating through technology, such as web pages, help files, or social media sites; or (3) providing instructions about how to do something, regardless of the task's technical nature.

인증제도가 도입되면서 이공계 분야의 학생들에게 의사소통능력을 향상시키기 위한 방안으로 글쓰기나 말하기 등 교육이 이루어지고 있긴 하지만 교육 환경이 미국에 비하면 상대적으로 열악한 실정이다.

3) 언어 사용 능력!, 신입사원 채용의 기준이 되다

언어 사용 능력과 업무능력의 상관관계가 입증되면서 기업들은 이러한 능력을 갖춘 인재를 선발하기 위해 신입사원 채용 기준으로 채택하고 있다.

기업의 입장에서는 글쓰기와 말하기와 같은 언어 사용 능력을 갖춘 인재를 선별하는 일은 매우 중요하다. 특정 전공 지식과 연관되는 특정 업무능력과 달리 말하기나 글쓰기와 같은 능력은 모든 분야에, 직장 생활 전반에 관여되는 능력이다.

그런데 이러한 능력은 하루아침에 만들어지는 것이 아니다. 그래서 기업의 입장에서는 언어 사용 능력을 갖춘 인재를 선발하는 것은 매우 중요하다. 자기소개서나 면접의 비중이 점점 더 높아지는 이유는 이 때문이다.[8] 기업의 인사담당자들이 제시한 가장 뽑고 싶은 신입사원 유형에도 언어 사용 능력에 대한 기업의 인식이 잘 나타난다(파이낸셜뉴스 2013.7.9).

---

8) 2011년에 한국경영자총협회가 조사한 바에 따르면 채용과정에서 면접 비중이 56.3%로 가장 높았는데, 이는 2006년에 비해 3.8%가 늘어난 것이다(국민일보 쿠키뉴스 2011.9.15.).

▶ 인사담당자가 제시한 뽑고 싶은 신입사원 유형(잡코리아 조사 자료)

순위	유형	비율
1	여러 사람과 유연하게 지낼 수 있는 사람	44.8%
2	때와 장소에 따른 적절한 말하기 능력을 갖춘 인재	35.4%
3	공과 사를 분명히 가르는 단호함을 갖춘 인재	33.4%
4	자료를 목적에 따라 일목요연하고 꼼꼼하게 정리하기 위한 논리성과 꼼꼼함을 갖춘 인재	27.1%
5	문서작성 및 글쓰기 능력을 갖춘 인재	24.0%

　이러한 상황임에도 불구하고 대학에서 취업 준비생 또는 예비 직장인을 대상으로 한 글쓰기 및 말하기 교육은 상당히 미흡한 실정이다. 최근 들어 사고와 표현이나 화법 과목에서 자기소개서 쓰기를 다루거나, 취업 페스티벌과 같은 프로그램을 통해 지도하고 있기는 하다.

　하지만 취업을 위한 쓰기나 말하기 또는 업무를 위한 글쓰기나 말하기는 다른 유형의 글쓰기나 말하기와는 다른 특유의 쓰기 방법 및 대화 방법이 존재하기 때문에 따로 학습해야 한다. 예컨대 자기소개서도 취업을 위한 자기소개서는 평소 드러내고 싶은 나에 대해 표현하는 글과는 다르며, 업무에서의 보고서 쓰기나 보고하여 말하기는 특정한 형식과 절차가 병행되기 때문에 따로 교육의 기회를 제공할 필요가 있다. 또한 글쓰기나 말하기의 성격상 반복된 훈련과 경험이 병행되어야 하기 때문에 1회적인 체험으로는 한계가 있다.

4. 직무 글쓰기 및 말하기의 성격

직장 생활에서 글쓰기와 말하기를 효과적으로 수행 위해서는 직업 세계에서 글쓰기와 말하기의 성격을 이해할 필요가 있다.

1) 업무용 글의 주체는 한 개인이 아니라 기업의 대표 자격이다

직장에서 업무 수행 과정에서 쓰는 글이나 말은 개인이 수행하지만 공적인 성격을 갖는다. 즉 실제 글쓰기를 하는 사람은 특정한 사람, 즉 개인이지만 그 개인은 주체를 가진 한 개인이 아니라 기업의 한 구성원의 자격으로서 주체이다.

그러므로 자신이 수행하는 글쓰기나 말하기가 회사에 어떤 영향을 미치는 것인지를 분명하게 인식하고 수행해야 한다. 그래서 개인의 감정이 드러나는 어휘를 사용하는 것은 금물이며, 하기 싫다고 회피하거나 기일을 어겨서도 안 된다. 술자리에서 거래처 사장에게 쉽게 한 약속이 회사에 엄청난 피해를 가져올 수도 있으며, 기일을 어긴 문서 한장 때문에 일이 순조롭게 진행되지 못한 결과를 초래할 수 있다는 것을 기억해야 한다.

한편 업무 수행 과정에서 발생한 모든 기록물은 회사의 소유이며, 법적인 근거가 되기 때문에 개인이 마음대로 유출하거나 폐기 또는 변경해서는 안 된다.

2) 업무용 글은 특정한 형식과 절차가 요구된다

회사에서 업무 수행 과정에서 쓰는 글은 특정한 형식이 있다. 이러한 형식은 대체로 오랫동안의 업무 과정 속에서 효율적인 업무 수행을 위해 정착된 것들이며, 이러한 형식 자체가 법적 근거가 되기도 하기 때문에 반드시 특정한 절차에 따르고 그 형식을 갖추어야 한다.

대외 문서의 경우 사무관리 규정에 의해 일반적으로 준수해야 할 통용되는 형식을 갖추어야 한다. 대내 문서의 경우는 단체 및 기업마다 독특한 격식을 마련해 놓은 경우가 있는데, 그럴 경우 그 회사나 단체의 형식을 준수하면 된다.

이렇듯 업무 수행 과정에서 발생하는 모든 문서는 내용도 중요하지만 요구되는 형식을 갖추는 것도 매우 중요하다. 예컨대 공문서의 내용이 아무리 잘 구조화되고 문장이 좋아도 수신자나 발신자에 대한 정보가 없거나, 문서 번호가 없거나, 결재권자의 결재가 없으면 공문서로서 효력이 발생하지 않는다. 또한 이와 같은 문서와 관련하여 문제가 발생하였을 경우 공문서의 격식을 갖추지 않은 것만으로도 문제가 발생할 수 있다.

3) 업무용 글은 책임의 근거가 된다

업무 수행 과정에서 발생한 모든 기록물은 책임의 근거가 된다. 기업은 이익을 추구하는 조직이기 때문에 업무에 대한 책임의 경계를 분명하게 한다. 그리고 업무를 성실하게 이해하지 않음으로써 발생한 손실이나 이익에 반한 행동을 했을 경우 그에 합당한 책임을 지도록 하는 것이 관례이다. 업무 수행 과정에서 발생한 모든 기록물들이 이러한 책임의 근거가 되는 것이다.

대부분의 기업은 특정 업무에 대한 절차를 규정해 놓은 업무절차집이라는 것이 있고, 이러한 절차에 준해 업무를 수행하도록 명시해 둔다. 만약 어떤 문제가 발생한다면 기업은 문제의 원인을 밝힐 것이고, 그 과정에서 담당자가 규정된 업무 절차에 따라 성실하게 업무를 수행했음에도 불구하고 발생한 일이라면 그 직원은 책임을 면할 수 있을 것이다. 하지만 담당 직원이 업무 절차에 따라 업무를 수행하지 않았고, 그로 인해 발생한 일이라면 회사는 그 책임을 직원에게 묻게 된다. 즉 업무 수행 과정에서 발생한 모든 기록물은 원인 규명의 근거가 되며 책임의 근거가 되는 것이다.

4) 업무용 글은 업무 효율을 위한 도구이다

　업무용 글의 목적은 업무를 수행하는 과정에서 효율적인 업무 수행을 위해 작성하는 글이다. 그래서 미사여구를 사용하거나 자신의 지적 수준을 과시하기 위해 어려운 어휘를 사용하는 것은 좋지 않다. 시나 소설 등과 같은 문예적인 글은 독자가 다양한 의미로 해석할 수 있도록 의도적으로 모호한 표현을 쓰거나 단서들만을 제공하여 독자가 의미를 재구성하도록 유도하기도 한다. 하지만 업무용 글은 정확성과 효율성이 중요하기 때문에 두 가지 의미로 해석될 소지가 있는 어휘나 표현을 사용해서는 안 된다. 문서는 누가 읽어도 정확하게 이해할 수 있도록 의미가 분명한 표현을 사용해야 한다.

　재미를 위한 구성 전략을 사용하는 것도 좋지 않다. 추리소설과 같이 독자가 사건을 추리하는 재미를 배가시키기 위해 단서들만을 제공하고 분명하게 밝히지 않거나, 다양한 논의를 불러일으킬 목적으로 결말을 명시적으로 제시하지 않는 경우도 있다. 하지만 업무용 글은 재미를 위한 글이 아니라 업무의 효율을 위해 정보를 신속하고 정확하게 전달하는 적이 목적이다. 그러므로 업무용 글은 결론을 먼저 배치하고 그 이유와 근거 등을 나중에 배치하는 전형적인 두괄식 구성이 좋다. 말로 보고하는 경우도 마찬가지이다.

5. 직무 글쓰기 및 말하기의 전략

1) 문서를 쓰는 이유를 생각하라

문서를 작성하기 전에 가장 먼저 생각해야 할 것은 이 문서를 작성하는 이유가 무엇인지이다. 문서를 작성하는 이유에 따라 문서의 유형이 달라지기 때문이다. 예컨대 새로운 아이디어를 제안하기 위한 것인지 다른 부서에 업무 협조를 요청하기 위한 것인지에 따라 문서의 유형이 달라질 것이다.

고객에게 보내는 비즈니스 메일도 불만을 제기한 고객을 대상으로 고객의 마음을 달래고 설득하기 위한 것인지, 새로운 제품에 대한 정보를 주기 위한 것인지 구체적인 이유에 따라 어휘나 문체 또는 어투가 달라질 것이다.

2) 누가 읽는지, 즉 문서의 독자를 생각하라

업무용 글도 여타의 글과 마찬가지로 누가 읽을지, 즉 독자가 누구인지를 생각해야 한다. 독자에 따라 어휘나 문체 뿐 아니라 정보의 유형 및 정도 또한 달라질 수 있기 때문이다. 예컨대 어휘의 경우 동종의 업종에 종사하는 사람들을 대상으로 하는 설명회라면 전문용어를 사용하는 것이 오히려 효과적일 것이다. 하지만 보도자료와 같이 독자가 일반인이라면 전문용어의 사용을 자제하고 일반인들이 쉽게 알아볼 수 있는 어휘로 바꾸어 설명하는 것이 좋다.

정보의 유형이나 노출 정도의 경우도 마찬가지이다. 현재 개발 중인 상품에 대한 정보가 회사 내 타 부서와 업무상 회의 자료에는 노출되어도 문제가 없겠지만, 일반인에게 노출되어서는 안 되는 기밀 정보일 경우 문제가 될 수 있을 것이다.

고객의 층위에 따라서 효율적인 설득이나 정보 제시 전략이 달라질 수 있다. 성별, 교육의 정도, 나이, 직업군 등 독자 정보를 충분히 고려하여 해당 독자층에 가장 효율적인 정보 제시 방법을 사용하는 것이 좋다.

3) 결론을 먼저 쓰고 말하라

업무용 문서의 경우 결론, 즉 용건을 먼저 쓰는 것이 좋다. 업무 과정에서 문서를 작성하는 이유는 업무를 효율적으로 수행하기 위한 것인데, 업무의 효율성은 대체로 정확성과 신속성을 토대로 한다. 신속한 전달을 위해서는 용건을 먼저 쓰는 것이 좋다. 어떤 일이 일어난 순서로 보면 원인이 먼저이고 결과가 나중이지만 원인은 결과의 상대적 개념이다. 예를 들어 보자. 판매 부진의 결과가 발생하고 나면 판매 부진의 원인을 규명하고 대안을 세우게 된다. 사건의 흐름으로 보면 원인에 해당하는 일이 먼저 일어나고 그 원인에 따른 결과가 발생한다. 이러한 상황을 보고할 때는 지금 여기의 현상에 대한 현황, 즉 어떤 일이 벌어졌는지에 대한 결과를 먼저 쓰고, 그 원인을 분석하여 제시한 후에 이러한 문제를 해결하기 위한 방안을 제시하는 것이 관례이다. 이러한 관례 역시 오랫동안의 업무 수행 과정에서 이러한 흐름의 보고서가 업무의 전달에 효과적이기 때문에 굳어진 것이다.

4) 모호하게 쓰지 말고 정확하게 써라

업무용 문서의 문장은 정확하게 써야 한다. 업무용 글은 업무를 신속하고 정확하게 처리하기 위해서인데, 이러한 업무 수행 과정에서 작성된 문서는 법적 근거가 되기도 한다. 그래서 상황에 따라 다르게 해석될 수 있는 어휘나 문장의 구조를 사용해서는 안 된다. 또한 문장 성분이 누락되어 상황의 전말을 파악하기 어려워서도 안 된다. 예컨대 '지난 5월에 해당 부서와 통화 한 적이 있습니다.'와 같은 문장은 누가 통화를 했다는 것인지 통화 주체가 빠져 있고, 누구와 통화를 했다는 것인지 통화의 대상도 빠져 있다. 또한 '지난'과 같은 표현은 2017년에는 2016년이 될 수 있고, 2016년일 경우 2015년이 되는 등 기준시점에 따라 다르게 해석된다. 그래서 '구매담당자인 김○○이 2016년 5월 20일 거래처인 ○○기업의 영업담당인 이○○ 씨와 통화했습니다.'라고 분명하게 쓰는 것이 좋다.

01 NCS의 개념을 정리하고 정부가 이 제도를 도입한 이유를 수 강하는 학생들에게 설명해 보자.

02 4년제 대학 졸업자(학사)에게 요구되는 국가직무능력은 몇 수 준입니까? 그 수준이 어떤 수준인지 설명하고 그 수준에게 요구되는 지식기술, 역량, 경력 등을 정리해 보자.

03 직업기초능력 10가지를 제시하고 내용을 간략하게 정리해 보자.

04 4년제 대학 졸업자(학사)에게 요구되는 직무수행능력의 수준과 각 수준의 정의, 지식기술, 역량을 간략하게 설명하시오.

05 4년제 대학 졸업자(학사)에게 요구되는 문서이해능력, 문서작성능력, 경청능력, 의사표현능력에서 요구된 문서 및 발표의 수준이 어떤 수준인지 얘기하고 이러한 수준이 요구되는 이유에 대해 동료들과 이야기를 나누어 보자.

06 직업 세계에서 글쓰기가 갖는 성격에 대해 정리하고 이러한 성격을 갖게 된 이유에 대해 동료들과 함께 자유롭게 이야기를 나누어 보자.

제 3 장

취업 목적 자기표현
장르에 대한 이해

1. 취업 목적 장르의 정체성 이해

취업 목적 자기소개서와 면접은 '취업 목적'이라는 표현을 통해서도 알 수 있듯이 취업이라는 구체적인 목적을 달성하는 과정에서 만들어진 독특한 장르이다. 취업 목적 장르에 대해 이해하기 위해서는 장르라는 개념에 대해 먼저 이해할 필요가 있다.

장르라는 용어는 다양한 영역과 다양한 현상을 지칭하는 데 광범위하게 사용되고 있다. 시, 소설, 수필과 같은 문예 형식의 한 갈래를 지칭하기도 하고, 문학 장르, 미술 장르, 영화 장르, 게임 장르와 같이 상위 갈래를 지칭하기도 하며, 각각의 장르의 하위 갈래를 지칭하기도 한다. 또한 구체적인 결과물인 텍스트를 지칭하기도 하고 이러한 결과물의 산출과 연관된 수행 자체를 지칭하는 등 다양한 층위와 범위에서 사용되고 있어 혼란스럽고, 개념 정의가 쉽지 않을 뿐 아니라 구체적인 '무엇'으로 잡히지도 않은 용어이다.[1]

장르에 대한 접근은 다양하게 이루어지고 있지만, 의사소통의 측면에서 볼 때 장르는 '한 사회의 특정 상황에 대한 반복적인 담화 범주

---

[1] 장르에 대한 다양한 접근에 대해서는 비교적 최근에 번역된 '장르'라는 책을 참고할 수 있다.

(Miller, 1984:163)'라고 볼 수 있다. 즉 장르는 '특정한 상황'이라는 구체적인 상황 맥락 속에서 소통 당사자들의 '반복적인 수행'의 과정, 즉 의사소통의 상호작용과 연관된 '담화 범주'인 것이다. 장르가 수행이라는 점은 장르가 의사소통의 수행 과정에 관여된다는 것을 의미하고, 담화 범주라는 것은 이러한 작용 과정이 또 다른 수행과 차별화된 담화 특성을 속성으로 한다는 것을 의미한다. 우리가 텍스트의 측면에서 어떤 글의 유형 또는 말하기의 방식이라고 인식하는 것들은 이러한 상호작용이 한 사회의 전형적인 의사소통방식이 되었다는 것을 의미한다. 전형성이라는 것은 반복적 상호작용의 산물이기 때문이다.

그렇다면 이러한 장르가 만들어지고 유지되는 이유가 무엇일까? 장르를 수행의 측면에서 의사소통 사건의 세트(set)로 보는 스웨일즈(Swales, 1990:58)는 장르가 유지되는 이유를 '의사소통의 효율성' 때문이라고 한다. 예컨대 의사소통의 목적이 '하나의 특권적 기준임과 동시에 의사소통의 과정에서 수사적 행위와 같은 장르의 영역을 유지하도록 작동'하는 역할을 한다는 것이다. 특권적 기준이라는 것을 통해서 알 수 있듯이 그러한 수행을 하지 않아도 큰 문제는 없지만 그러한 수행이 주는 혜택이 있다는 것이다. 즉, '담화 구성원들이 공유한 의사소통 목적에 대한 인식이 담화에 대한 스키마 구조를 형성하고 이 스키마가 담화의 내용(content)과 문체(style)를 선택하거나 또는 선택하지 못하도록 제약으로 작용'하면서 특정한 장르가 유지되는 것이다. 특정 담화에 대한 스키마 형성이 그 담화 공동체 구성원들에게 의해 형성되지만, 동시에 그러한 구조가 개인의 글쓰기 활동에 영향을 끼치는 선택 및 제약조건이 된다는 점이 장르가 관습적 규약의 성격을 갖는다는 것을 보여준다.

정리하자면 '장르는 특정한 의사소통 목적의 반복적 수행과 연관된 것이며, 이러한 반복적 수행과 연관된 특정 담화가 구성원들 사이에 인식되고, 이러한 인식이 관습의 근거가 된다.'(나은미 2018:135)는 것을 알 수 있다. 그리고 이러한 관습화된 담화 방식은 의사소통의 효율성 때문에 담화 공동체 구성원들 사이에 스키마로 작동되면서 유지되는 것이다.

의사소통의 목적 측면에서 보자면 채용 과정에서 이루어지는 자기소개와 면접은 전체 채용 과정 속에 연계된 다층적이고 복합적인 장르이다. 다층적이라는 것은 자기소개서나 면접이 질문과 응답의 서로 다른 층위가 하나의 텍스트를 이룬다는 것을 의미하며, 복합적이라는 것은 이력서, 자기소개서, 면접 내용 등이 상호 보완적인 관계를 이룬다(나은미 2018:141)는 것을 의미한다. 실제로 이력서, 자기소개서, 면접은 담화 내용의 측면에서 볼 때 상호 보완적 관계를 이룬다. 기업에서는 다양한 이력서의 정보와 달리 지원자의 특화된 자질과 능력을 좀 더 구체적으로 파악하기 위해 자기소개서 질문 항목을 구성하며, 면접을 통해 자기소개서의 내용 중 진의 여부를 파악하거나 지원자의 구체적인 정보를 파악하곤 한다.

취업 목적 장르의 이러한 성격을 이해하지 못하는 지원자들은 자기소개서에서 쓴 내용을 면접에서 반복하여 이야기하곤 한다. 특히 최근의 자기소개서가 질문 형식으로 이루어지다보니 면접을 자기소개서의 내용을 말로 다시 표현하는 것이라고 인식하는 경우가 많다. 실제로 자기소개서와 면접은 글과 말로 구현되지만 자기소개서가 질문에 대한 응답 형식으로 구성된다는 점은 구어의 대화쌍과 같은 성격을 보이며, 면접의 경우 구어적 특성인 즉시성이 강하지만 미리 예상 질문을 만들고 준비한다는 점은 문어의 특성인 완결성을 지향한다. 이러한 점을 고려한다면 취업 목적 표현 장르를 하나의 복합장르로 규정하고 이력서, 자기소개서, 면접 등을 하나의 하위 텍스트로 보는 것이 효과적일 것이다 (나은미 2018:136)

특정 장르의 수행과 연관된 가장 상위의 개념이 의사소통 목적이라면 우리가 구체적인 텍스트 및 담화를 구성해 내기 위해서 주목해야 할 것은 텍스트의 기능이 무엇인가이다. 텍스트의 기능은 의사소통의 목적과 연관된 것이기는 하지만 동일한 것은 아니다. 친교 목적의 의사소통도 나의 정보를 효과적으로 '전달하기' 위한 텍스트 구성과 말하기 방식과 상대방의 정보를 파악하기 위한 '질문하기' 방식이 있을 수 있다. 즉 목적과 기능은 상호 밀접한 연관성이 있지만 어떤 목적을 달성하는 데 다양한 기능적 유형이 존재할 수 있는 것이다.

취업 목적 자기소개서와 면접은 채용자 측이 질문을 하고 이러한 질문에 지원자들이 응답을 하는 다면적 구조로 구성되어 있다. 즉 채용자 측의 텍스트(또는 담화)는 지원자에게 특정한 정보를 요구하는 질문으로 구성되며, 지원자 측에서는 이러한 요구 정보에 응답하는 방식으로 텍스트 및 담화가 구성되는 것이다. 질문의 유형은 다양할 수 있지만 취업 목적 자기소개서나 면접의 질문 유형은 정보를 요구하는 기능을 수행하는 것이다. 즉, 채용자 측에서는 질문을 통해 지원자가 자신들이 원하는 인재인지를 판단하기 위한 정보를 요구하는 것이다. 그러므로 지원자는 그 요구된 정보가 무엇인지, 그 정보를 통해 지원자의 어떤 자질과 능력을 알고 싶어 하는지를 파악하고 내용을 구성할 수 있어야 한다.

취업이 어려워지다 보니 요즘에는 자기소개서가 대체로 지원자가 자신이 지원하고자 하는 기업에 적합한 인물임을 입증하는 데 초점을 두는 방식으로 이루어지고 있다. 하지만 기업의 입장에서는 억지로 기업에 맞춘 사람이 아닌 진짜로 자기 기업에 적합한 사람을 뽑는 일은 매우 중요하다. 대부분의 기업들은 입사 초기에 집중적인 교육을 실시하기 때문에 조기 퇴사를 할 경우 기업의 비용이 높아지기 때문이다. 한국 경영자총협회에 따르면 최종 합격 후 입사를 포기하는 비율이 23.7%(중소기업은 31.9%, 대기업은 19.1%)이며, 1년 이내 퇴사율도 27.9%(중소기업은 36.6%, 대기업은 21.0%)나 된다고 한다(연합뉴스, 2009. 9. 7). 즉 기업의 입장에서도 조기 퇴사를 하지 않고 기업에 잘 적응하는 인재를 뽑는 일은 매우 중요하다.

"인재가 기업을 키우고 기업 속에서 인재가 성장한다."(코리아나 유상옥 회장, 윤광희 2009:24)는 말은 조직과 조직의 구성원이 함께 성장하는 것이 가장 바람직한 생존 전략임을 보여준다. 그래서 "자기소개와 면접은 채용자의 입장에서는 지원자가 자신의 기업이 요구하는 능력을 갖춘 인재인지, 더 나아가 발전 가능성이 있는 인재인지를 검증하는 장치이지만, 지원자의 입장에서도 자신의 능력을 쏟아 부어 성장시키고 싶은, 곧 자신의 세계관과 가치관에 부합하는지를 발견해내고 선별하는 장치임을 이해해야 한다."(나은미 2012:64).

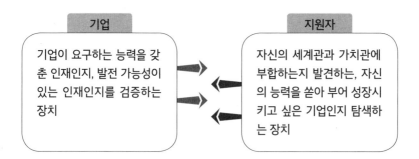

특히 기업은 현재의 능력 뿐 아니라 앞으로 발전 가능성이 있는 인재를 찾아내기 위해 자기소개서와 면접 전형을 강화하고 있는 실정이다.[2]

---

2) 한국경영자총협회가 2011년에 발표한 자료에 따르면 채용과정에서 면접 비중이 56.3%로 가장 높았고, 이어 서류전형이 39.9%, 필기시험은 3.8%였다. 면접 전형은 2006년에 비해 3.8%가 늘었고, 서류전형과 필기시험은 각각 0.4%, 3.4%씩 줄어든 것이다(국민일보 쿠키 뉴스 2011. 9. 15).

2. 취업 목적 자기소개서의 이해

자기소개란 '소개하는 당사자가 특정한 상황에서 자기 자신에 대해 알리는 글 또는 말하기 방식'을 말한다. 즉 자기소개는 두 가지 특징을 가진다. 하나는 소개하는 당사자가 '자기 자신'이라는 것이고, 다른 하나는 그러한 소개가 특정한 상황, 즉 '특정한 목적' 하에 이루어진다는 것이다. 취업 목적의 자기소개서는 '취업'이라는 특정한 상황에서 '지원자'가 지원처인 기업에 '지원자 자신'을 소개하는 것이다.

즉 자기소개서는 지원처의 정보 요구에 응답하는 글쓰기 방식이므로 자기 자신을 글감으로 하지만 정서적인 표현의 글이 아니다. 이러한 장르적 성격을 이해하지 못한 학생들은 자신의 경험담을 쓰는 과정에서 자신이 얼마나 힘든 경험을 하였는지를 드러내는 정서 표현에 초점을 두는 글을 쓰는 경우가 많다.

하지만 기업이 알고 싶은 것은 그러한 정서적 느낌이 아니라 지원자가 특정한 상황에서 어떠한 방식으로 대처하는지, 어떠한 방식으로 문제를 해결하는지, 더 나아가 경험을 통해 무엇인가를 배우는 사람인지를 알고 싶은 것임을 잊어서는 안 된다.

기업들도 자기 기업에 적합한 인재를 선별하기 위한 질문을 개발하고 이에 응답하도록 구체적인 내용과 형식을 명시하고 있다. 예컨대 예전에는 성장 배경이나 장단점을 쓰도록 하였지만, 최근에는 '살면서 실패한 경험이 있습니까? 왜 그 일을 실패라고 생각합니까?, 그때 당신은 어떤 행동을 하셨습니까?'와 같이 구체적인 상황 속에서 지원자의 생각과 행동을 묻은 질문을 한다.

그렇다면 이력서나 각종 증명서를 통해 객관적인 정보를 알 수 있음에도 불구하고 기업이 자기소개서를 요구하는 이유는 무엇일까?

첫째 이유는 지원자가 자기 자신을 얼마나 알고 있는지, 그리고 그런 자신을 어떻게 보고 있는지를 알고 싶어서이다. 자기 자신을 잘 알고 있는 사람과 그렇지 못한 사람은 어떤 상황에서 대처하는 능력이 다를 것이다. 자신의 정신력과 체력 상태를 잘 알고 있는 사람은 돌발 상황에서 자신을 좀 더 잘 통제할 수 있을 것이다.

특히 최근 자기소개서의 질문은 구체적인 경험을 요구하는데, 이는 이러한 경험을 통해 지원자가 어떤 사람인지 알아보기 위한 것이다. 경험은 그 경험자의 사고방식을 들여다 볼 수 있는 창이다. 왜냐하면 하나의 경험은 단순한 팩트가 아니라 팩트와 그 팩트를 보는 경험자의 인식으로 구성되기 때문이다. 그래서 그 사람이 어떤 사람인지 알기 가장 좋은 방법은 자기 자신에 대해 이야기를 해 보도록 하는 방법이다. 자기소개서는 자기에 대한 자신의 이야기인 것이다. 다만 기업의 입장에서 전 생애를 볼 수 없으니, 지원자가 경험한 몇 개의 경험을 통해 지원자를 보고자 하는 것이다.

둘째 이유는 지원자의 사고 능력과 쓰기 능력을 알고 싶어서이다. 자기소개서는 이력서와 달리 서술형으로 쓰기 때문에 지원자의 어휘력, 문장력, 글의 구성 능력 등 전반적인 쓰기 능력을 측정할 수 있다.

의사소통수단 중 글쓰기 능력은 업무 수행에서 매우 높은 비중을 차지하는 중요한 능력이다. 미국의 성공한 엔지니어를 대상으로 '본인의 업무에서 효과적인 문장력의 필요성'을 묻는 질문에 '필수적'이라고 응답한 사람이 45%, '매우 중요하다'고 응답한 사람이 50%로 나타났다. 또한 '부하직원의 문장력을 진급심사에서 어느 정도 고려하는가'라는 질문에 '필수적으로 고려함'이 26%, '많이 고려함'이 63%로 나타났다. 특히 매니저의 경우 문장력이 업무에 필수적이라고 응답한 비율은 전체의 71%나 되었다(임재춘, 2003). 이러한 결과는 성공적인 직업 생활과 글쓰기 능력의 상관관계를 잘 보여준다.

글과 말은 단순히 의사소통의 수단이 아니라 그 말과 글을 하는 사람을 온전히 들여다 볼 수 있는 창이다. 사람의 말과 글은 생각이라는 씨가 드러난 나무와 같기 때문이다. 그래서 어떤 사람의 말과 글은 한 사람을 온전히 드러내게 되어 있다.

그래서 기업은 많은 시간과 비용을 투자하면서 지원자가 자기 자신에 대해 소개하는 글을 쓰게 하고, 면접을 통해 자신에 대해 말을 하도록 함으로써 지원자가 살아온 삶을 알려고 하는 것이다.

3. 취업 목적 면접의 이해

면접(面接)이란 말 그대로 '서로 대면하여 만나 보는 것'을 의미한다. 즉, 지원자와 지원처가 서로 대면하여 만나 보는 것이다. '면접시험'이라는 말을 통해 알 수 있듯이 서로 양측이 중요한 결정을 하기 전에 직접 만나보는 상견례와 유사하다고 볼 수 있다.

최근에는 기업에 들어가려는 사람은 많으나 일자리가 제한되다보니, 선발이니 시험이니, 가장 적합한 인물을 뽑는다와 같이 마치 기업이 결정권을 쥐고 있는 것처럼 인식되고 있으나 면접을 보는 일은 지원자 역시 자신이 근무하고 싶은 기업을 탐색하는 기회이기도 하다.

다만 면접의 방식이 다양하게 변화되고 있는 만큼 취업 면접의 성격뿐 아니라 최신의 면접 동향에 대해서도 이해할 필요가 있다. 또한 면접은 전형적으로 질문에 응답하는 방식으로 진행되는 만큼 질문의 의도를 정확하게 파악하고 면접관이 요구하는 정보를 응답할 수 있어야 한다. 또한 면접은 정해진 시간 속에 진행되는 생방송과 유사하므로 답변할 내용을 효과적으로 조직하여 제한된 시간에 답변할 수 있어야 한다.

지원자를 직접 만나는 가장 중요한 이유는 지원자의 인상과 외모,

태도, 답변하는 능력 등을 관찰하기 위해서이다. 취업 포털 사람인에 인사담당자 776명을 대상으로 설문조사한 결과에 다르면 66.1%가 '외모가 채용평가에 영향을 미친다'고 응답하고 있다. 그 이유로 '자기관리가 뛰어날 것 같아서'라고 응답한 사람이 34.7%로 가장 많았고, '외모도 경쟁력이라서(33.5%), '대인관계가 원만할 것 같아서(21.8%)가 뒤를 이었다.

다만 외모에 가장 영향을 미치는 부분이 인상(84.2%)와 옷차림(33.5%)라는 점을 볼 때, 이목수비가 수려한 외모를 선호한다기보다 좋은 인상과 직업에 맞는 차림새를 보는 것으로 보인다.

면접관들이 선호하는 지원자의 인상을 재현한 것도 수려한 외모라기보다 안정되고 편안한 인상임을 알 수 있다.[3]

면접관들이 선호하는 지원자의 인상

---

3) KBS 신년기획, <환골탈태>에서 인사담당자들이 선호하는 얼굴을 조사하여 재현한 것이다.

─────────────────────

01 여러분이 알고 있는 '장르'를 하나 들고, 그 장르가 유지되는 이유가 무엇인지 친구들과 함께 의견을 나누어 보자.

02 취업 목적 자기표현 장르, 즉 자기소개서와 면접의 비중이 높아져 가고 있다. 그 이유를 기업의 입장에서 설명해 보자.

03 지원하고자 하는 기업의 직종과 인재상 등을 고려하여 면접 장에서 보여줄 자기소개(1분) 멘트를 만들고 연습해 보자.

II부

실전

제 4 장

취업을 위한
자기소개서 작성 및
면접 준비

1. 자기 탐색 및 자기 분석하기

취업 목적의 자기소개서와 면접을 준비하는 일은 지원자로서 자기 자신에 대해 충분하게 탐색하는 데서 시작해야 한다. 자신이 어떤 가치관을 가진 사람인지, 직업관은 무엇인지, 자신의 기질과 성격은 어떠한지, 더 나아가 지금 나의 능력은 어떠한지 등을 충분히 탐색하고 분석하는 과정이 선행되어야 한다는 것이다.

그리고 이러한 자기 분석을 토대로 자신에게 적합한 업종을 정하고 지원하고 싶은 기업들을 선별한 후에 가장 적합한 기업을 선정하여 취업 준비를 할 필요가 있다. 최근에는 지원자에 비해 지원처의 수가 부족하여 취업이 어렵다보니 취업 가능성이 있는 기업을 전제하고 해당 기업에 필요한 능력을 매칭하곤 하지만 이러한 과정조차도 지원자에 대한 철저한 분석은 반드시 필요하다.

자기 분석과 지원처 분석이 이루어지고 나면 두 분석을 비교하여 연결하는 작업이 필요하다. 지원처에서 요구하는 역량을 입증할 수 있는 정보를 자기 분석 자료에서 선별하여 항목별 쓸 거리를 생성해 놓는다. 그런 다음 항목별로 내용을 서술하고 점검을 한 후에 제출한다. 제출하기 전에 전문가에게 점검을 받는 과정을 거치는 것이 바람직하지만 상황이 여의치 않을 경우 다시 한번 질문에 대한 답변 내용이 포함되어 있는지, 오탈자가 없는지 등을 스스로 점검한다.

최근의 자기소개서와 면접은 지원자의 과거 경험을 구체적으로 기술하거나 말하도록 요구한다. 기업이 지원자의 구체적 경험을 알고 싶어 하는 이유는 단순히 지원자가 어떤 경험을 했는지를 알기 위해서라기보다 그러한 경험을 통해서 무엇을 배웠는지, 즉 사건을 대하는 태도를 알기 위해서이다.

사람은 누구나 그 사람만의 정체성이 있는데, 이러한 정체성은 하루아침에 만들어지는 것이 아니고 긴 세월에 걸쳐 형성되며 어떤 방향성과 일관성을 가지고 있다. 그래서 어떤 사람이 과거에 어떤 일을 겪었는지, 그리고 그러한 사건을 대하는 태도와 문제를 해결하는 방식을 보면 미래에 그 사람이 어떤 태도를 보일지를 알 수 있다.

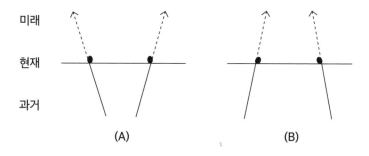

예를 들어 (A)와 (B)는 현재 상태에서 보면 동일한 위치의 점을 점유하고 있다. 하지만 만약 (A)와 (B)가 위의 그림처럼 각기 다른 방향성을 가지고 있다면, 미래의 모습 역시 그러한 방향성에 의해 다른 모

습이 될 것이라는 것을 예측할 수 있다.

기업이 지원자의 과거 경험과 문제 해결 방식을 묻는 이유는 이 때문이다. 기업은 단순히 지원자의 과거 경험을 알려고 하는 것이 아니라 과거의 경험과 대처 방식을 통해 지원자의 태도 및 문제 해결 방식과 같은 패턴을 발견하고자 하는 것이다.

위에서도 언급했듯이 대부분의 현대인은 직업 활동, 특히 직장에서 많은 시간을 보낸다. 연봉, 직장의 소재지, 업종 등 현실적으로 고려해야 할 것들이 많지만 그 무엇보다 중요한 것은 그 직업이 내가 추구하는 삶의 가치와 부합하는가이다.

1) 삶의 방향성을 탐색해 보라

1장 직업관을 살펴보는 과정에서 언급했듯이 사람마다 가치 있게 생각하는 것들의 우선 순위가 다를 수 있다. 예컨대 어떤 사람은 자신의 자아실현을 최우선으로 여기지만, 어떤 사람은 사회적 기여를 최우선으로 여기며, 어떤 사람은 경제적 안정을 최우선으로 여기기도 한다.

그러므로 자신이 어떤 사람으로 살고 싶은지를 생각해 보는 것은 삶의 설계 뿐 아니라 진로를 설정하고 구체적인 직업을 찾는 데도 매우 중요하다. 큰 틀에서 방향을 설정하기 위해서는 자신이 어떤 사람으로 기억되고 싶은지를 탐색해 보면 좋다.

① 사람들에게 어떤 사람으로 기억되고 싶은지 자신의 묘비명을 써 보자. 구체적으로 가족들에게 또는 친구들에게 어떤 사람으로 기억되고 싶은지를 생각해 보고 묘비명을 써 보자.

나의 묘비명 :

② 내가 잘하는 것을 왼쪽에 쓰고 좋아하는 것을 오른쪽에 쓴 후 겹치는 것들을 찾아 가운데 교집합 부분에 써 보자. 잘하는 것과 좋아하는 것이 일치하는 것도 있을 것이고, 일치하지 않은 것도 있을 것이다. 하지만 잘하다 보면 좋아질 수도 있고, 좋아하는 일을 계속하다 보면 잘하게 될 수도 있다.

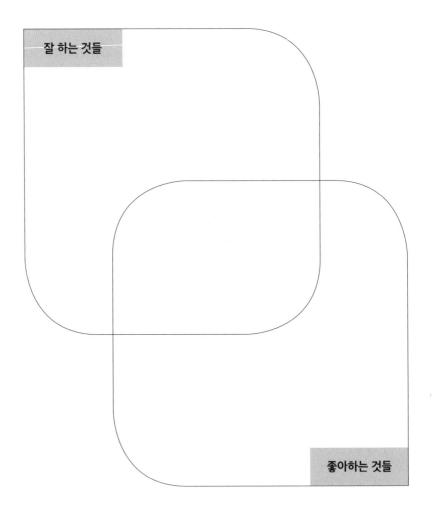

잘 하는 것들

좋아하는 것들

2) 현재의 나의 특성을 분석하여 정리해 보라

현재의 나의 다양한 모습을 분석하기 위해서 조하리의 창(Johari Window)을 이용할 수 있다. 조하리의 창은 심리학자 조셉 루프트와 헤리 잉함(Joseph Luft와 Harry Ingham)에 의해 개발 된 것으로 개인의 정체성을 분석하는 틀로 다양한 영역에서 활용되고 있다. 즉 개인의 정체성을 이루는 요소가 다층적으로 구성되어 있다는 것이다.

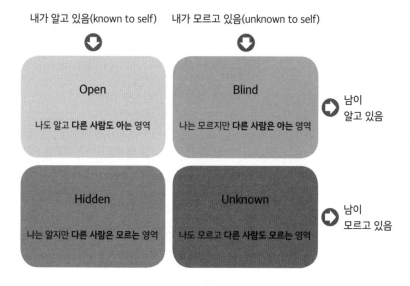

세로축은 나에 대해 내가 알고 있는 영역과 내가 모르고 있는 영역으로 구성되어 있고, 가로축은 타인이 나에 대해 알고 있는 영역과 모르고 있는 영역으로 구성되어 있다.

Open 영역은 나도 알고 다른 사람도 아는 영역이고, Hidden 영역은 나는 알고 있지만 남은 모르는 영역이다. 즉 내가 타인에게 숨기는 모습이라고 할 수 있다. 꼭 그런 것은 아니지만 대체로 Open 영역의 정보가 많다는 것은 서로 친밀한 관계라는 것이며, Hidden 영역이 많다는 것은 상대에게 보여주고 싶지 않은 자신의 모습이 많다는 것을 의미한다.

Blind 영역은 나는 모르지만 남은 아는 영역이다. 즉 이 영역은 나에 대한 어떤 것에 대해 내가 생각하는 것과 타인이 생각하는 것이 다른 경우이다. 예를 들어 스스로 아주 강하다고 생각하는데 친구들은 의외로 "너 참 여려"라고 하는 경우가 있다. 나의 외모의 어떤 부분에 대해 콤플렉스를 갖고 있는데, 주변의 많은 지인들은 그 부분을 나의 매력으로 여기는 경우도 있다.

Unknown 영역은 나도 모르고 남도 잘 모르는 영역으로 무의식의 세계라고 할 수 있다. 의식의 세계를 움직이는 것이 무의식이라는 프로이드의 주장을 고려할 때, 이 영역을 깊이 있게 탐색하는 것이 의미 있기는 하나 전문가가 아니면 쉽게 접근하기 어려운 영역이기도 하다. 그래서 단시간의 탐색과 분석으로 접근이 어려울 수 있으나 자신의 행위와 정신에 대해 지속적인 관심을 갖는다면 자신에 대해 좀 더 깊이 있게 이해할 수 있는 영역이기도 하다.

자기 분석 과정에서 특히 관심을 갖고 들여다 볼 영역은 Blind영역과 Hidden 영역이다. 나를 소개하는 글과 말하기에서 나에 대한 다층적인 분석과 객관적인 자료가 중요한데, 이 층위의 분석을 통해 내용의 생성을 보다 풍부하게 할 수 있다. 나는 모르지만 남들은 아는 Blind 영역에 해당하는 나의 행위나 태도, 모습 등을 발견하기 위해서는 가족, 친구, 지인 등 친밀도가 다소 다른 사람들에게 '내가 어떤 사람인지'를 써 달라고 하는 방법을 이용하면 효과적이다.

가족이나 친구들은 나를 의미 있는 사람으로 인식하기 때문에 내가 아무 생각 없이 한 행동이나 태도 등을 포착해 내곤 한다. 이 과정에서 스스로 단점이라고 생각하는 점이 발견되기도 하지만 대체로 긍정적이고 좋은 점이 발견되는 경우가 많다.[1]

다음의 자료는 조하리의 창을 분석 후 학생이 자신에 대한 이해의 폭을 넓혔다는 것을 알 수 있다.

---

[1] 어떤 학생은 이 과제를 통해 "생각보다 부모님이 나를 더 믿고 계신다는 것을 알았다."는 사실을 알고 놀라기도 하였다.

"나는 내 자신을 잘 알고 있다고 생각했다. 외모부터 내면까지 내 자신을 잘 파악하고 있다고 생각한다. 하지만 역시 남이 보는 나와 내가 보는 나는 많이 다른 걸 보니 자기 자신을 아는 건 어려운 것인가 보다. 외모 면에선 대부분 내가 아는 것들이다. 팔자걸음에 웃음소리가 크고 말소리도 커서 남 험담이나 무언가 몰래 말할 수가 없다. 몰랐던 사실 중 하나는 웃을 때 눈이 반달모양이 된다는 것이다. <중략>

심리적으로나 사회적으로 사람들이 날 좋게 보고 있다는 건 정말 다행이었다. 어릴 적부터 그러고 싶었고 그랬으면 했는데 나이를 먹고 군대를 갔다 와도 변하지 않아서 다행이다. 성실하고 주관이 뚜렷하다고 봐주다니, 최근에 하고 싶은 것이 생겨 확고해지니 자신감과 열정이 생겨 그렇게 보였을지도 모른다. <중략>

남에게 나에 대해 써달라고 하는 건 어쩐지 쑥스럽지만 분명히 필요한 과정인 것 같다. 마치 처음 노래방에 가서 마이크와 스피커를 통해 나온 내 목소리를 들을 때의 느낌이 들었다. 하지만 그 목소리에 익숙하지 않으면 노래를 못 부를 것이다. 그러니 이 과정은 분명히 필요했고 중요하다고 생각한다.

- 학생 글, 나은미(2014:131) 인용

【함께 해봅시다】

① 다른 사람들에게 보여주고 싶지 않은 자신의 습관, 태도 등을 쓰고, 왜 보여주고 싶지 않은지를 써 보자.

보여주고 싶지 않은 부분	이유

② 조원들과 또는 활동 짝에게 위의 내용 중 말할 수 있는 것을 말하고 상대방의 의견을 들어 보자.

③ 부모님이나 형제자매, 그리고 친구(이성 친구, 동성 친구 등)에게 나를 소개하는 글을 자유롭게 써달라고 해 보자. 지인들에게 받은 글 속에서 내가 모르고 있는 사실들을 찾아 적어보고, 그러한 인식에 대해 자신은 어떤 생각이 드는지를 써 보자.[2]

지인들이 본 나의 모습	나의 생각

---

2) 전자우편, SNS, 문자 등을 이용해도 좋다.

3) 나에게 영향을 준 것들을 정리해 보라

대부분의 자기소개서는 성장 배경을 포함하고 있다. 최근에는 성취했던 경험 또는 실패한 경험과 같이 구체적인 경험을 쓰도록 하고 있지만 여전히 성장 배경은 자기소개서의 주요 항목 중 하나이다. 현재의 나는 나의 과거의 총합이라고 할 수 있다. 지금의 나의 정체성을 형성하는 데 비교적 영향을 많이 끼친 사람, 책 등을 기록해 보면 성장 배경을 쓰는 데 도움이 된다.

【함께 해봅시다】

자신에게 영향을 끼친 것들을 기억해 보고 어떤 영향을 끼쳤는지를 적어 보자.

영향을 끼친 것들	끼친 영향
책 『달과 6펜스』	대학에 가지 못하고 직장에 다니면서, 대학에 가지 못한 이유를 가난한 가정환경으로 돌리며 열등감을 감추고 살 때 대학 진학을 결심하게 된 계기

4) 나의 장점 및 단점을 탐색하여 정리하라

지원자의 장단점 쓰기도 자기소개서에서 자주 요구하는 항목이다. 자신에 대해 잘 알고 있을 것 같지만, 학생들은 의외로 자신의 장점과 단점을 쓰기 어려워한다. 이는 장점과 단점이 고정되어 있다고 생각하기 때문이다.

그런데 어떤 것이 장점이고 단점인지는 지원하고자 하는 직종이나 회사에 따라 다를 수 있다. 예를 들어 영업직에 낯가림이 심한 성격은 단점이 될 수 있다. 하지만 연구직과 같이 고객을 대하는 일이 거의 없는 직종의 경우 낯가림이 심한 것이 단점이 아닐 수 있다. 또한 지원하는 회사가 지향하는 바가 무엇인지에 따라서도 어떤 성향이나 태도는 장점이 될 수도 있고 단점이 될 수도 있다.

그러므로 장점과 단점 역시 지원처에 대해 충분히 조사하고, 자신이 장점 또는 단점이라고 생각하는 것을 사례를 중심으로 정리하고, 그러한 것을 장점 또는 단점이라고 생각하는 이유를 아울러 정리해 둔다. 장단점을 묻는 것 역시 어떤 것이 장점인지 단점인지와 같은 어떤 사실이 중요한 것이 아니라 지원자가 자신의 장단점을 얼마나 알고 있는지 더 나아가 장점을 극대화 하는 방법과 단점을 보완하는 방법을 알고 있는지 등을 알기 위한 것이다.

【함께 해봅시다】

지원하는 기업과 직종을 고려하여 자신의 장점과 단점을 적어보자.

지원처의 직종 및 회사 이름		
장점 1	장점	
	장점 사례	
	장점인 이유	
장점 2	장점	
	장점 사례	
	장점인 이유	

단점 1	단점	
	단점 사례	
	보완 노력	
단점 2	단점	
	단점 사례	
	보완 노력	

5) 나를 이루는 10대, 20대, 30대 사건을 탐색하여 정리하라

지금까지 자신이 해온 것들(경험)을 통해 가치관, 장점, 단점 등을 발견해 본다. 성취감을 느꼈던 일, 가장 힘들었던 일, 가장 보람이 있었던 일, 가장 행복했던 일 등 구체적인 사건을 적어본다. 자신이 해온 것들(경험)을 통해 자신의 가치관, 장점, 단점, 삶을 대하는 자세 등을 발견할 수 있다. 분석할 때는 언제, 어디에서, 왜 했는지와 같은 구체적인 정보를 적어둔다. 특히 중요한 것은 내가 그 일을 하게 된 이유가 무엇인지, 구체적으로 어느 정도의 기간에 어떤 일을 했는지 등 Why와 How에 대해 분석하는 것이다. 또한 그 일을 통해 내가 배운 점, 생각하게 된 점, 달라진 점이 무엇인지 구체적으로 분석해 둔다.

사람은 경험을 통해 배운다. 동일한 경험을 하더라도 모든 사람이 동일한 것을 배우는 것이 아니다. 경험을 통해 무엇을 배웠는지를 보면 그 사람을 알 수 있다. 기업이 지원자에게 경험을 쓰도록 하는 이유는 이 때문이다. 실패의 경험으로 좌절한 사람이 있는가 하면 그 경험을 통해 자신의 단점을 알고 보완하여 더 단단해지는 사람도 있다는 것을 기업은 알고 있는 것이다. 그러므로 무엇을 했는가보다 그 일을 왜, 어떻게 했고, 그 일을 통해 무엇을 배웠는지를 충분하게 분석해 둔다.

【함께 해봅시다】

살아오면서 겪은 경험을 다음 표에 정리해 보자.

	When, Where, What	Why, How	배운 것, 생각한 것
1	대학 1학년 때/ 아르바이트	성인이 되었으니 용 돈은 내가 벌어봐야 겠다고 생각	돈을 버는 일이 얼마나 어 려운지, 30년 넘게 직장 생활하시는 부모님에 대 한 존경과 감사
2			
3			
4			
5			

6			
7			
8			
9			
10			

2. 지원처 및 직무 분석하기

자기 분석을 하고 나면 지원하고자 하는 기업에 대한 정보와 자신이 지원하고자 하는 직무와 관련된 정보를 조사한다. 지원처 조사는 자신이 지원하고자 하는 구체적인 기업에 대한 정보 탐색을 의미하며, 직무는 구체적으로 자신이 맡아서 할 일로, 자신의 전공과 연관된 것이다. 예컨대 은행의 경우도 산업은행, 기업은행, 국민은행 등 은행마다 설립 목적이 다른 만큼 요구되는 구체적인 역량이 다를 수 있다. 하지만 모든 은행에는 창구 서비스 업무가 있고, 그러한 직무에 필요한 직무능력은 대체로 유사하다.

1) 지원하고자 하는 기업에 대해 조사하라

지원처에 대한 조사는 많을수록 좋다. 기업의 홈페이지를 비롯하여 다양한 정보원을 활용한다. 기업에서 좋은 성과를 내는 사람들의 특징 중 하나는 '기업의 경영전략이나 기업의 방향에 대한 이해 수준이 높은 사람들'이라는 점을 통해 알 수 있듯이, 내가 속한(할) 기업에 대한 이해는 매우 중요하다.

기업의 홈페이지를 방문하면 기본적인 정보를 얻을 수 있다. 홈페이지를 통해 기업의 경영이념과 연혁 등 장기적인 기업의 전반적인 정보를 얻을 수 있다. 또한 신문 기사, SNS 등을 통해 동일 업종의 경쟁사와의 차별점, 강점과 약점 등도 조사할 수 있다.

한편 현재 CEO에 대한 정보, 현재 주력 사업 등에 대한 정보도 조사한다. CEO가 바뀌면 기업의 중요한 정책이 바뀌거나 특정한 방향이 강화되는 등 변화가 있을 수 있다. 언론 정보, SNS 계정, 홈페이지 CEO 인사말 등을 통해 정보를 조사한다.

특히 인재상에 대한 정보는 자기소개서와 면접을 준비하는 과정에서 반드시 필요한 정보이니 꼼꼼하게 조사해야 한다. 인재상을 조사할 때는 단순히 키워드만을 보지 말고, 전년도 면접 방식, 업무 스타일 등을 조사하고, 필요하다면 직접 인사팀에 문의를 하거나 근무하는 선배, 지인 등을 통해 구체적인 인재상을 파악하는 것이 좋다.

2) 지원하고자 하는 직무를 분석하라

지원하는 회사에 대한 정보 외에 구체적인 지원 직무에 대해 조사해야 한다. 대기업 공채와 같이 그룹 차원의 채용이 진행되는 경우를 제외하고는 대부분의 회사들이 결원이 생겼을 때 해당 직무를 담당할 사원을 선발한다. 최근에는 NCS기준에 의거하여 직무 중심으로 채용을 진행하는 기업이 많으니 자신이 지원하고자 하는 직무에 대해 파악할 필요가 있다.

직무란 "직책이나 직업상에서 책임을 지고 담당하는 일"을 의미한다. 국가직무능력표준(NCS, www.ncs.go.kr)에서 표준화된 직무분류표를 제시하고 각각의 직무에 대해 직무 기술서를 제공하고 있으니 자신이 무슨 업무를 하게 될지 미리 알 수 있다. 2018년 현재 NCS에는 한국고용직업분류(KECO: Korean Employment Classification of Occupations) 등을 참고하여 '대분류(24) → 중분류(78) → 소분류(241) → 세분류(948개)'의 순으로 분류하여 다양한 정보를 제공하고 있다.

다음은 NCS에서 제공한 대분류(03.금융·보험), 중분류(01, 금융), 소분류 (01, 금융영업), 세분류(01, 창구사무)에 대한 직무기술서이다.

▶ NCS기반 채용 직무 설명 자료

KDB 산업은행				
채용 직군	**은행일반**			
	대분류	중분류	소분류	세분류
NCS 분류 체계	03. 금융·보험	01. 금융	01. 금융영업	01. 창구사무
				03. PB영업
			03. 신용분석	01. 개인신용분석
			05. 금융영업 지원	01. 결제
			06. 증권·외환	06. 무역·금융 업무
주요 기관사업	• 산업의 개발·육성, 사회기반시설의 확충 및 지역개발, 금융시장 안정 및 그 밖에 지속가능한 성장 촉진 등에 필요한 자금의 공급 및 관리 • 국내 대표 정책금융기관으로서, 혁신성장 및 4차 산업혁명 선도, 금융선진화 선도, 시장안전판 기능 강화, 통일시대 준비, 지속가능한 정책금융기반 확충을 통해 대한민국 금융산업과 국민 경제 발전에 기여하는 역할 수행			
기관 직무수행 내용	• (텔러) 수신(신탁, 퇴직연금 포함) 고객관리, 수신 상품판매(산금채, 카드, 펀드, 방카 등) 등과 관련된 텔러 및 콜센터 상담의 직무 • (외환) 수출금융, 수입금융, 외환영업지원(외화예금, EDI 등) 등 외국환 직무 • (기업외여신) 상공인대출을 제외한 기업외여신(집단대출 및 개별대출) 등과 관련된 직무 • (영업지원) 영업점의 자금조달, 자금관리, 자산운용에 따른 결제, 대사, 확인, 평가, 사후관리 등과 관련된 직무 • (비서) 비서 임원지원 등과 관련된 직무 • (영업지원) 예산, 복지, 관재, 보안, 업무지원 등과 관련된 직무			
직업기초 능력	• 의사소통능력, 문제해결능력, 수리능력			

NCS 기반 직무수행요건 (하단내용)		
금융	세분류	• 창구사무 • PB영업 • 개인신용분석 • 결제 • 무역금융 업무
	필요지식	• 회계원리, 상업경제, 금융일반 등 기본 상경계열 직무 지식 • 자본시장 및 금융상품에 대한 이해
	필요기술	• 오피스 프로그램(워드, 스프레드시트, 프레젠테이션) 활용 기술 • 수신, 외국환, 대출, 결제 관련 소프트웨어 활용 기술 • 업무 관련 법령 해석 및 적용 기술
	직무수행 태도	• 원만한 대인관계를 위한 긍정적인 자세와 커뮤니케이션 능력 • 새로운 지식 습득 능력, 정보수집 및 분석, 위기대처 능력 • 객관적·종합적인 분석태도 및 외부 요구 사항에 대한 명확한 판단력 • 투명하고 공정한 업무 수행 태도 • 고객중심적인 사고 및 다양한 기술적 대안을 탐구하는 의지
참고 사이트		• www.ncs.go.kr. → NCS. 학습모듈 검색 → 능력단위 정보 확인

직무기술서에는 주요 직무에 대한 수행 내용과 필요한 직업기초능력이 무엇인지 기술되어 있다. 또한 필요한 직무 지식(Knowledge), 기술(Skill), 태도(Attitude)에 대해 기술되어 있으므로 자기소개서와 면접을 준비하기 전에 반드시 직무기술서를 숙지할 필요가 있다.

【함께 해봅시다】

지원하고자 하는 기업에 대한 정보를 적어보자.

직종	NCS 홈페이지 검색, 대분류>중분류>세분류>직급 확인하여 쓸 것 ※ 1,2학년들의 경우도 구체적인 지원처(회사)를 정하지 않았더 　라도 직종은 적을 것
직무	NCS 홈페이지에서 찾은 자신의 직무를 가능한 구체적으로 적을 것. NCS 홈페이지에 없을 경우 서술식으로 구체적으로 적을 것
기업 가치관	지원 기업의 가치관 정리
인재상	지원 기업의 인재상을 정리
주력 분야 및 구체적인 사업	지원 기업이 주력하는 분야 및 구체적인 사업을 조사 정리
업무 스타일	업무 처리 방식 정리

동종 타사와 차별점(강점)	
동종 타사와 차별점(약점)	
CEO 정보	
언론 정보	
기타	

3) 지원처의 자기소개서 형식을 파악하고 흐름을 정하라

자기소개서 집필에 앞서 가장 먼저 해야 할 일은 자기소개서의 형식을 파악하는 일이다. 형식은 크게 자유 형식과 제한된 형식으로 나눌 수 있는데, 전자는 지원자가 형식 및 지면을 스스로 구성하여 작성하는 방식이다. 자유 형식일 경우에도 기본적인 항목을 요구하기 때문에 성장 배경, 성격의 장단점, 경력 및 학력, 입사 지원 동기 및 포부 정도는 포함하는 것이 좋다.

또한 자유 형식의 경우 항목 간 배열을 어떻게 하는지에 따라 시간의 흐름 순과 시간의 역순으로 나눌 수 있다. 시간의 흐름 순으로 구성하는 방법은 '㉠ 성장 배경 → ㉡ 성격의 장단점 → ㉢ 학력 및 경력 → ㉣ 입사 동기 및 포부' 순으로 작성하는 방법이다. 이러한 구조는 흐름을 쉽게 잡을 수 있는 장점이 있으나 기업의 입장에서는 최신의 정보에 더 관심이 있다는 점을 고려하면 효과적인 구조라고 보기 어렵다.

시간의 역순으로 구성하는 방법은 '㉠ 입사 지원 동기 및 포부 → ㉡ 경력 및 사회 활동 → ㉢ 학력 및 자격증 → ㉣ 성격의 장단점 → ㉤ 성장 배경' 순으로 최신의 정보를 먼저 적는 방법이다. 이 구조는 기업이 가장 알고 싶어 하는 최신 정보를 먼저 배열하여 눈에 띄게 할 수 있는 장점이 있으나, 글을 쓰는 사람이 전체 내용을 자연스럽게 연결하는 것이 어렵다는 단점이 있다.

최근에는 대체로 기업이 질문을 주고 질문에 응답하는 방식을 취하므로 따로 형식이 없는 경우에는 지원자가 스스로 질문을 만들어 응답하는 방식으로 구성하는 것도 하나의 방법이 될 수 있을 것이다.

후자는 기업측에서 형식을 미리 정하여 제시하는 방식이다. 예전에는 자유 형식이 대부분이었으나 최근에는 대부분 제한된 형식을 요구하기 때문에 해당 기업의 양식을 파악한 후 요구된 정보를 요구한 분량에 담아 내야 한다.

3. 질문 분석 및 내용 선정하기

　자기 분석과 지원처 분석을 한 후 자기 분석 내용과 지원처 요구 정보를 연결하여 내용을 구성한다. 대체로 지원처 탐색을 먼저하고 그에 맞는 자기 정보를 찾아 바로 자기소개서를 쓰는 경우가 있는데, 그럴 경우 자기 탐색이 충분하게 이루어지지 않을 수 있다.

　예컨대 취업을 염두에 두고 지원처 탐색을 먼저 하게 되면, 제한된 범위에서 자기 탐색이 이루어질 가능성이 높다. 앞에서도 언급했듯이 직업을 자신의 전체 삶 속에서 파악할 때, 자신의 가치관과 직업관 등을 고려하여 자신에게 적절한 직업과 직장을 찾아낼 수 있다는 점을 기억하자.

　취업이 어려워지다 보니 무조건 지원하고 보자는 경우가 많은데 이러한 태도는 지원자와 기업 모두에게 좋지 않다. 지원자의 경우 애써 노력하여 들어간 기업에서 적응하지 못할 경우, 긴 취업 준비의 노력이 수포로 돌아갈 수 있으며, 기업의 경우도 채용 및 신입사원 교육에 대한 교육 비용을 부담해야 한다는 점에서 양쪽 다 손해이다.

1) 질문 항목을 분석하고 필요한 정보가 무엇인지 파악하라

최근의 자기소개서의 특징은 요구 정보가 '질문 형식'으로 제시된다는 점, '질문 의도'를 명시적으로 드러내지 않는다는 점이 특징이다.

그래서 집필 전에 자기소개서 항목에서 요구한 정보가 무엇인지, 몇 가지인지를 파악해야 하며, 질문에서 요구한 것이 무엇을 알고 싶어서 던진 질문인지, 즉 '질문의 의도'를 파악하는 작업이 필요하다.

일반적인 글쓰기와 달리 자기소개서는 '질문 항목'이 정해져 있기 때문에 어떤 경험이 어떤 질문에 대한 답변으로 적절한지 매칭하는 것이 중요하다. 문제는 질문의 의도가 무엇인지 명시적으로 드러나는 경우도 있지만, 의도가 명시적으로 드러나지 않은 질문 유형도 있다는 것이다. 또한 동일한 질문의 경우에도 지원처와 직무에 따라 적절한 응답이 다를 수 있다는 것이다. 예를 들어 어떤 기업의 경우 '창의성'이 가장 중요한 역량일 수 있지만, 또 다른 기업의 경우 '도전 정신'이 가장 중요한 역량일 수 있다. 이러한 역량은 직종에 따라서도 달라진다. 그러므로 지원처와 직무에 대한 충분한 조사, 자신에 대한 충분한 탐색이 이루어져야만 기업이 원하는 자신의 능력을 매칭할 수 있다.

이러한 질문 방식은 면접의 경우도 마찬가지이다. 다음의 예는 다소 다르게 보이지만 지원 동기를 묻는 질문에 해당한다(최윤정·김세준 2009:106-119).

- 우리 회사가 당신을 뽑아야 하는 이유 세 가지를 써 보시오.
- 이 일을 할 때 필요한 가장 중요한 자질이 무엇이라고 생각합니까? 본인이 그러한 자질을 갖추었는지 구체적으로 설명해 보시오.
- 다른 회사에 동시에 합격한다면 어떻게 하시겠습니까?
- 당신의 강점이 우리 회사를 성장시키는 데 어떤 기여를 할 수 있다고 생각하십니까?

2) 질문 항목에 부합하는 경험 정보와 그 경험을 통해 드러낼 자신의 역량이 무엇인지 정리하라

지원하는 회사나 직무 수행에 가장 필요한 역량이 '도전 정신'이라고 조사가 되었다면, 자기 탐색 과정에서 정리해 놓은 경험 사례 중 자신이 '도전 정신'을 가진 사람임을 입증할 수 있는 경험 사례를 매칭하여 기술할 수 있다.

그런데 학생들을 지도하다 보면 어떤 경험 사례가 어떤 역량을 입증할 수 있는 것인지 매칭을 어려워한다. 이는 정답이 있다고 생각하기 때문이다. 어떤 역량을 입증하는 데 필요한 경험이 정해져 있는 것은 아니다. 예컨대 해외 봉사 경험이 '도전 정신'을 입증하는 경험으로 쓰일 수도 있고, '협동심'이나 '창의력'을 입증하는 데도 쓰일 수도 있다. 즉 어떤 경험이냐가 아니라 어떤 경험을 통해 어떤 것을 배웠는지, 어떤 태도를 갖고 있는 사람인지, 또는 그 경험을 통해 어떤 변화가 있었는지 등 지원자의 태도와 가치관, 변화 여부에 초점이 있기 때문이다.

우리는 동일한 경험을 하지만 그 경험을 인식하는 것은 사람마다 다르고 이러한 다름이야말로 한 사람의 정체성을 이루는 요소이다. 유전적으로 동일성이 매우 높은 일란성 쌍둥이가 동일한 환경에서 자랄 때 조차도 다른 정체성을 구성하는 것은 '동일한 경험을 했더라도 그것을 어떻게 받아들이는가에 따라 가치와 의미, 영향력 등이 달라지기 때문이다.'[3] 즉 우리가 경험하는 것들은 '사실'과 '인식'이 한 세트를 이루고 있는데, 실제로 경험하는 것과 그 사실을 내가 어떻게 인식하는가는 다른 문제이다.

---

3) 하버드의 생각 수업, 후쿠하라 마사히로/김정환 옮김, 엔트리, 2014.

【함께 해봅시다】

(1), (2), (3)은 기업에서 자주 출제되는 기출문제들이다. 이러한 질문들은 각각 동일한 질문의 의도를 가지고 있다. 이러한 질문들이 지원자의 어떤 역량을 알고 싶어 하는지, 그리고 자신이 이렇게 생각하는 이유를 정리해 보자.

(1)   ㄱ. 극한상황이나 스트레스를 받으면 어떻게 해소하는가?
      ㄴ. 우리 회사에서 떨어지면 어떻게 할 것인가?
      ㄷ. 지금껏 살면서 가장 힘들었던 일은 무엇인가?
      ㄹ. 살면서 모욕적인 일을 당한 경험이 있는가?
      ㅁ. 학점이 왜 이것밖에 안 되는가?

(2)   ㄱ. 대학 때 공부 말고 몰두한 것이 있는가?
      ㄴ. 인생에서 가장 몰두한 일은 무엇인가?
      ㄷ. 다른 사람의 반대를 무릅쓰고 추진한 일이 있는가?
      ㄹ. 전공을 바꾸면서까지 이쪽 분야를 지원한 이유가 무엇인가?

(3)   ㄱ. 1달에 책은 몇 권 있는가? 최근에 읽은 책은?
      ㄴ. 이 자격증은 왜 취득했는가? 회사에 도움이 될까?
      ㄷ. 경험이 없는 일을 맡게 된다면?
      ㄹ. 오늘의 신문 톱기사는?
      ㅁ. 최근 관심 있게 본 시사뉴스는?

질문 의도 및 알고 싶은 역량	그렇게 생각하는 이유
(1)	
(2)	
(3)	

【함께 해봅시다】

위의 질문을 받았다고 가정하고 자신의 경험 중 위의 역량을 입증하는 데 적절하다고 판단하는 경험을 적어 보자.

질문 의도 및 알고 싶은 역량	자신의 경험
(1)	
(2)	
(3)	

4. 자기소개서 집필하기

질문 분석을 통해 요구 정보에 필요한 자기 탐색 정보를 매칭한 후
에는 한 편의 글로 구성한다. 자기소개서도 한 편의 글이므로 앞에서
설명했듯이 구체적인 의사소통 목적에 부합(즉 장르 특성)해야 하며, 한 편
의 글로서 완결성을 갖추어야 한다.

그러므로 어떤 모임에서 누군가 자신을 소개했을 때 그 사람이 어떤
사람인지 파악될 수 있어야 소기의 목적을 달성되듯이 자기소개서도
구체적인 한 사람을 소개하는 것이기 때문에 자기소개서를 읽었을 때
그 사람이 어떤 사람인지 떠올라야 좋은 자기소개서라고 할 수 있다.
다 읽었는데도 어떤 사람인지 파악되지 않는다면 소기의 목적을 달성
했다고 할 수 없을 것이다.

1) 어떤 사람으로 보일 것인지 정하고, 제목으로 표현하라

구체적으로 글의 구조와 항목별 내용을 집필하기 전에 자신이 어떤
사람으로 보일 것인지를 먼저 정해야 한다. 이는 일반적인 글쓰기에서

말하고 싶은 핵심 내용, 즉 주제문을 정하는 것과 유사하다. 성실한 사람으로 보일 것인지, 도전적인 사람으로 보일 것인지에 따라 선별 경험이 달라질 수도, 동일한 경험일지라도 내용을 풀어가는 방식이 달라질 수 있기 때문이다.

한 사람의 정체성은 그 사람의 가치관, 삶의 태도 등에 의해 형성되기 때문에 나름의 방향성과 일관성을 갖고 있다. 그래서 한 사람이 쓴 것이라면 A항목의 경험과 B항목의 경험이 사례 측면에서 다를지라도 어떤 방향성과 일관성을 갖기 마련이다.

예를 들어 보자. 성격의 단점을 기술하라는 요구에 성실하고 꼼꼼한 사람으로 비춰지고 싶어 '매우 꼼꼼하며 정리 정돈을 잘 한다'고 쓰고, 다른 사람과 협업을 하는 과정에서 자신의 역할을 쓰라는 항목에서 리더십 있는 사람으로 보이고 싶어 '카리스마형 리더십을 발휘한 리더 역할을 수행했다'고 썼다고 가정해 보자.[4]

물론 누구나 카리스마를 가진 리더이고 싶고, 도전적이면서 성실하고 꼼꼼하기까지 바라겠지만, 카리스마를 가진 도전적인 사람이 작은 일까지 세심하고 꼼꼼하게 뒷정리를 하는 능력까지 갖추기란 쉽지 않다. 사람은 누구나 다양한 성향과 기질을 가질 수 있지만 이러한 기질과 성향에 방향성이 있고 이러한 기질이 갖는 장점과 단점이 있다. 그래서 일을 할 때 혼자서 하는 것이 아니라 다양한 사람들이 모여 업무의 효율을 극대화할 수 있는 것이고, 이러한 효율적 협업이 가능하도록 사람을 적재적소에 배치하고 조율하는 인사 전문가들이 있는 것

---

[4] 실제로 취준생 10명 중 4명이 "취업만 된다면 자기소개서를 대필하고 싶다."(헤럴드 경제 2016. 10. 10)고 한 조사결과가 있다. 이는 자기소개서를 쓰는 일이 쉽지 않다는 것을 의미하는 것이지만 대필, 표절 등의 가능성이 있다는 것을 보여주기도 한다.

이다.

　다른 사람들의 좋은 사례를 자신의 경험인 양 기술을 하는 행위는 옳지 않을 뿐 아니라 전문가의 눈에는 쉽게 드러나는 어리석은 행위임을 잊지 말아야 할 것이다.

【함께 해봅시다】

자신이 지원하고자 하는 지원처와 직무를 고려하여 자기소개서의
제목을 써 보자.

지원하는 기업명	
지원하는 직무명	
나를 드러낼 핵심 키워드	
자기소개서 제목	
기타 고려사항	

2) 항목과 항목 사이의 일관성을 유지하라

일관성과 방향성은 항목들의 내용을 조직할 때도 주의해야 한다. 자기소개서는 각 항목이 질문 형식으로 구성되어 있는데, 질문에 대한 답변 내용이 하나의 유기적 관계를 보이면서 ○○○라는 한 사람의 자기소개서를 이루게 된다. 그러므로 각각의 항목에 기술된 어떤 모습이 서로 유기적으로 연결되지 않고 모순된다면 거짓이라고 판단할 가능성이 높다.[5] 예를 들어 성장 배경을 묻는 질문에서 보인 모습은 소심하지만 꼼꼼한 성격이었는데, 다른 항목에서 보인 모습이 외향적이고 대범하고 도전적인 모습으로 보인다면 거짓으로 기술했다고 볼 가능성이 높다.

최근에는 자기소개서의 비중이 높고, 쓰기가 쉽지 않기 때문에 좋은 자기소개서 내용을 짜깁기하여 제출하는 경우가 있다. 그런데 그럴 경우 항목들 간에 서로 모순된 정체성을 보이게 된다. 기업의 인사담당자들은 이러한 사실을 충분히 인지하고 있기 때문에 통과되기 어려울 것은 자명한 일이다(나은미 2018:150).

항목이 여러 개일 경우 항목마다 핵심 내용을 소제목으로 달고 전체 제목으로 항목 간의 유기적 관계를 확보하면서 글을 쓰면, 일관성을 유지하면서 전체 글을 쓸 수 있다.

---

5) 물론 어떤 큰일을 겪은 후 성격이 달라질 수도 있지만 대체로 사람의 성격은 쉽게 변하지 않기 때문에 글 속에 드러난 정체성이 모순적일 경우 거짓이라고 판단할 가능성이 높아진다.

3) 질문에 답을 한 후, STAR 기법으로 경험을 기술하라

항목에 대한 답변을 쓸 때는 먼저 질문에 대한 답변을 한다는 생각으로 핵심 내용을 먼저 쓴다. 그리고 그 답변에 대한 기술은 STAR 기법을 활용하여 구체적으로 적는다. STAT기업이란 상황(Situation), 과제(Task), 행동 또는 태도(Action, Attitude), 결과(Result) 순으로 글을 쓰는 방법이다. 예를 들어 구체적으로 어떤 상황이었는지, 그 때 자신이 해결해야 할 과제(또는 봉착한 문제)는 무엇이었는지, 그 상황에서 자신은 어떠한 행동(또는 태도)을 취했는지, 결과는 어떠했는지 등을 쓰는 기법이다.

경험을 서술할 때 초점을 두어야 할 것은 구체적으로 기술하고 그 경험 속에서 자신이 취한 행동(또는 태도)과 그 경험을 통해 무엇을 배웠는지를 쓰는 것이다. 반복해서 언급하지만 기업이 관심 있는 것은 하나의 경험이라는 사실이 아니라 어떤 문제에 봉착했을 때 문제를 대하는 태도와 행동이며, 그 과정 속에서 무엇을 배우는 사람인지를 알고 싶은 것이다.

S   2017년 상반기 OO 기업에서 인턴을 하고 있었습니다. 당시 업무 이외에도 타 부서의 인턴들과 함께 프로젝트를 진행하라는 회사의 지시가 있었습니다.

T   각자의 업무를 진행함과 동시에 프로젝트를 하다 보니 시간을 맞추기가 어려웠습니다. 회사에서 주 1시간씩 3개월 동안 회의 시간을 내주었으나, 좋은 결과를 만들어내기 어렵다고 판단했습니다.

A   그래서 저는 회의 도중에 업무 이외의 시간을 할애하는 것이 어떨까 제안했습니다. 감사하게도 제 생각과 조원들의 생각과 맞아 떨어졌고, 모두 프로젝트에 적극적으로 참여해 주었습니다. 개인적으로 출퇴근 시간이나 쉬는 시간을 활용하거나 자료 조사를 틈틈이 시행했습니다. 그리고 금요일에 각자 해야 할 일을 정하여 주말에 처리해 나갔습니다. 발표 4주 전부터는 야근을 하면서 프로젝트를 진행했습니다. 육체적, 정신적으로 힘들었으나 점점 완성되어가는 모습을 보면서 즐겁게 일할 수 있었습니다.

R   그 과정에서 동료들에게 감사함을 느꼈고, 동료들과의 사이도 돈독해졌습니다. 마지막으로 경영진과 중간관리자들이 모인 자리에서 발표를 진행했습니다. 많은 분에게 호응을 얻었고, 임원들께서도 "최고의 발표였다", "지금 바로 실시해도 괜찮을 거 같다"라고 격려해주시는 등 최고의 결과로 프로젝트를 마무리할 수 있었습니다.

- 학생 글, 경영학과 14학번

위의 글은 이 강좌를 수강한 과정에서 학생이 작성한 글이다. 인턴 시절 타부서 인턴들과 함께 프로젝트를 수행해야 하는 상황이었다는 것, 그때 제한된 시간 속에 협업을 해야 하는 문제 상황이었음을 잘 기술하였다. 특히 그 과정에서 자신이 업무 시간 이외에 시간을 할애하자는 아이디어를 제안하였다는 점, 구체적으로 금요일에 각자 할 일을 할당하고 주말 중에 각자 해결한 후 함께 진행했다는 것을 상세하게 서술하였다. 더 나아가 성공적인 프로젝트 수행의 결과를 자신의 공으로 돌리지 않고 동료들에게 감사함을 느꼈다고 서술함으로써 자신이 다른 사람들과 조화를 이루며 조직 생활을 잘 할 수 있는 사람이라는 것을 자연스럽게 부각하고 있다.

다만 위 글은 바로 경험의 상황(S)를 기술하고 있는데, "대학 4학년 때 인턴을 할 때 제한된 기간 내에 프로젝트를 달성한 일입니다."와 같이 전체 내용을 요약한 핵심 내용을 먼저 쓴 후에, STAR의 내용을 상술하는 것이 좋다. 자기소개서를 글로 쓰다 보니 요구 정보가 질문이라는 것을 잊기 쉬운데, 자기소개서 역시 질문에 대한 응답의 성격을 가지고 있으니 핵심을 먼저 요약하여 대답한 후, 구체적인 사례를 들어 입증하는 것이 좋다.

4) 내용의 일관성을 유지하고, 요구 형식과 분량을 검토하라

다 쓴 후에는 내용 측면에서 일관성이 있는지, 자신이 드러내 보이고 싶은 모습이 잘 보이는지 등을 검토한다. 점검할 때는 자신이 하지 말고 타인의 피드백을 받는 것이 좋다. 팀 활동 수업일 경우 학생 동료의 피드백을 받거나, 담당 교수와 다른 전문가들의 피드백을 받는 것이 좋다. 특히 자신의 자기소개서를 읽고 어떤 사람이 떠오르는지를 물어서 자신이 보이고 싶은 사람이 보이는지를 확인할 필요가 있다.

한편 제목, 부제, 단락 쓰기, 글자 수 등 편집 및 기타 형식적인 측면도 꼼꼼하게 검토한다. 자신이 어떤 사람인지 제목에 잘 드러나는지, 부제가 핵심 내용을 잘 보여주는지, 부제들끼리 모순은 없는지 등을 검토한다. 문장의 길이와 어문 규범의 준수 등도 꼼꼼하게 점검한다. 이러한 편집 및 형식 측면의 사항은 단순히 형식이 아니라 지원자의 기본 자질을 보여주는 잣대가 됨을 잊지 말아야 할 것이다.

【함께 해봅시다】

자신의 삶에 영향을 끼친 경험(사람, 사건 등)을 하나 골라 STAR의 기법으로 한 단락을 써 보자.

S(상황)	
T(과제)	
A (행동 or 태도)	
R(결과)	

126

5. 모의 면접 실습하기

면접의 비중은 점점 높아지고 있는 추세이다. 올해 하반기 신입사원 채용 평가에서 면접 전형이 당락에 가장 큰 영향을 미치는 것으로 조사되었다(연합뉴스 2019. 9. 19).[6] "더 좁아진 취업문… '스펙'보다 더 중요해진 '면접' "이라는 최근의 뉴스 제목은 면접의 중요성을 잘 보여준다.[7] 경총 관계자는 "기업들이 학점이나 영어 성적 등 눈에 보이는 '스펙'보다 다양한 경험을 통해 인성, 업무 지식, 조직 적응력 등을 갖춘 인재를 선호하면서 면접을 중시하게 되었다."고 분석했다(연합뉴스 2011. 9. 15).

1장에서도 언급했듯이 현대 사회에서 직업 생활은 삶의 중요한 부분이 되고 있고, 첫 직장은 경력의 출발이기도 하다. 특히 평생직장의 개념이 사라지고 동일 직종 간에 수평 이동이 빈번해지고 있는 최근의 취업 동향을 고려한다면 첫 직장과 직무는 매우 중요하다.

---

[6] 취업 포털 사람인이 기업 263곳을 대상으로 조사한 결과 면접 전형이 58%로 가장 높게 나타났고, 서류 전형 35%, 인적성 및 필기전형 6%로 나타났다(연합뉴스 2019. 9. 9).

[7] 한국경영자총협회가 전국 기업 370 여 곳을 조사한 결과 대졸자 100명이 지원하면 이 중 3명만 합격한 것으로 나타날 정도로 취업의 문이 좁아지고 있다(YTN 뉴스 2015. 5. 17).

그러므로 지원자 역시 첫 직장을 선택하는 과정에서 자신이 지향하는 가치관과 삶의 방식과 지원처의 근무 분위기, 인재상 등이 서로 부합하는지를 충분하게 조사할 필요가 있다.

1) 면접의 비중이 높아지는 이유를 이해하라

면접 준비를 위해서는 먼저 면접의 비중이 높아지는 이유를 이해할 필요가 있다. 2장에서 설명 했듯이 기업의 입장에서는 높은 성과를 내는 사원을 뽑고 싶어 한다. 그런데 학점이나 영어 점수, 자격증과 같은 눈에 보이는 스펙이 높은 성과를 보장하지 못한다는 것이 밝혀지면서 기업은 좋은 인재를 선발하기 위한 다양한 채용 방법 등을 마련하고 있다.

면접은 이력서와 자기소개서 등 서류와 달리 지원자를 직접 보고 관찰할 수 있어 이들 서류 전형의 한계점을 보완할 수 있다. 면접 방식은 지원자뿐 아니라 기업에게도 매우 중요한 검증절차이다. 인재 발탁을 중시하는 세계적인 기업인 구글이 7~12번, 많게는 25번까지 면접을 하는 것은 적절한 인재를 선발하는 데 면접만한 것이 없다는 것을 잘 보여준다.

2) 최근의 취업 동향 및 면접의 다양한 방식을 이해하라

최근의 취업 동향과 면접의 다양한 방식에 대해 이해할 필요가 있다. 최근 채용 현장의 가장 큰 특징으로 역량 중심 인재의 채용과 블라인드 면접 방식을 들 수 있다.

2장에서 설명했듯이 역량 중심 채용이란 높은 성과를 낼 수 있는 특성을 지닌 사람을 선발한다는 것을 의미한다. 주지하다시피 기업의 존립 이유는 '이윤'이고, 그래서 기업은 신입사원을 한 인격체로서 사람으로 보기보다는 이윤을 창출하기 위한 투자로 본다. '인재'라는 말 속에는 사람을 경제적 측면에서 보는 관점이 잘 드러나 있다.

즉, 한마디로 역량 중심 채용을 하겠다는 것은 기업에 이윤을 많이 가져다 줄 것 같은 사람을 채용하겠다는 것을 의미한다. 블라인드 채용이 역량 중심과 연관되는 것은 자연스러운 일이다. 기업이 관심을 갖는 것은 그 사람의 출신지역, 출신학교, 학점, 자격증과 같은 가시적 증빙이 아니라 고성과를 낼 수 있는 어떤 특성(즉, 역량)을 지니고 있는지가 관심인 것이다.

그런데 이러한 역량은 모든 직무가 같은 것이 아니라 직무마다 필요한 역량이 다르다. 예컨대 기획 업무와 영업 업무를 수행하기 위한 역량이 다르고 동일한 영업 업무라고 하더라도 영업 전체를 총괄 기획하는 업무와 고객과 면대면으로 실제 영업을 수행할 때의 역량은 다르다. 또한 동일한 마케팅 업무도 국내 마케팅 담당자와 해외 마케팅 담당자에게 필요한 핵심 역량은 다를 것이다. 역량 중심 채용이 직무 중심 채용이라고 불리는 이유는 이 때문이다. 즉 역량이란 곧 특정한 직무를 전제로 한 개념임을 알 수 있다.

또한 직무는 단독으로 수행되는 것이라기보다 또 다른 직무 수행과 유기적으로 연관되어 있다. 그래서 각각의 직무를 수행하는 사람들 각자의 능력이 뛰어나는 것도 중요하지만 함께 일을 수행하는 과정에서 시너지 효과를 낼 수 있는 능력이 매우 중요하다. 기업은 열 사람의 뛰어난 능력자가 필요한 것이 아니라 특정한 직무를 수행하는 데 가장 적합한 인재를 필요하기에 직무 중심 채용을 채택하는 것이다. 한마디로 예전에는 좋은 사람을 뽑아 놓고, 그 사람에게 적합한 일을 수행하도록 했다면 정해진 직무에 필요한 사람을 뽑는 방식으로 패러다임이 바뀐 것이라고 볼 수 있다.[8]

블라인드 채용이란 "채용과정(서류·필기·면접)에서 편견이 개입되어 불합리한 차별을 야기할 수 있는 출신지, 가족관계, 학력, 외모 등의 항목을 걷어내고 지원자의 실력(직무능력)을 평가하여 인재를 채용"(NCS.go.kr)하는 방식이다.

---

8) 효율을 중요하게 여기는 기업의 입장에서 보면 당연한 것으로 보이지만 지나치게 사람을 기능 중심으로, 하나의 자원으로만 보게 할 수 있다는 점에서 경계할 필요가 있다. 지나치게 눈에 보이는 단기적 이윤에 매달려 사람을 보지 못한 경영은 장기적 안목에서 볼 때 바람직하다 보기는 어려울 것이다.

NCS는 블라인드 채용 제도의 핵심 내용과 그 필요성을 다음과 같이 제시하고 있다.

첫째, '차별적인 평가요소를 제거'하는 것
둘째, '직무능력을 중심으로 평가'하는 것

▶ 블라인드 채용의 필요성

기존 채용제도의 불공정 해소
· 기업의 불공정 채용관행에 관한 사회적 불신해소
· 차별적 채용은 기업 경쟁력 저해요소라는 인식 유도
· 직무중심 인재선발을 통한 공정한 채용제도 구축

직무중심 채용을 통한 사회적 비용 감소 필요
· 직무 관련한 채용을 통한 지원자의 취업준비 비용 감소
· 기업 역시 직무재교육, 조기퇴사율 등 감소를 통한 채용 비용 감소실현
· 불공정 채용관행에 의한 사회적 불신 해소

정부는 '차별 제거'와 '직무능력 중심'이라는 취지 아래 '블라인드 채용 가이드라인(2017.7 관계부처 합동)'을 작성 배포하고 기업들에게 적극적으로 권장하고 있다.[9] 아직은 공무원, 공사, 기타 공공기관 등에서 진행되고 있지만, 우리 사회의 불공정한 절차에 대한 다양한 논의가 깊어지고 있고, AI 채용 시스템과의 연계 가능성 등에 대한 논의가 더해지면 블라인드 채용은 자리를 잡아갈 것으로 보인다.

또한 면접 방식은 전통적인 면대면 질의응답 방식 이외에도 발표(PT) 면접, 토론 면접, 경험면접, 실무 수행 면접 등 다양한 면접 방법이

---

9) 구인구직 플랫폼 사람인의 임민욱 팀장은 "채용 공정성에 대한 이슈가 계속되면서 기업들이 변화를 꾀하고는 있지만 블라인드 채용에 대해 구직자들이 체감할 만한 효과는 부족하다며 AI 채용 시스템이 대안이 될 수 있다"는 의견을 내 놓았다.

등장하고 있다.[10]

프레젠테이션 면접은 특정한 주제에 대해 제한된 시간에 준비를 하고 발표를 하도록 하는 면접 방식이고 토론 면접은 특정 주제에 대해 지원자들끼리 토론을 하도록 하는 면접 방식이다. 이러한 면접 방식을 통해 기업은 지원자들의 주제에 대한 전문가적 지식은 물론, 문제해결능력, 창의력, 논리적 사고와 표현력, 설득력 등 다양한 능력을 평가할 수 있다.

경험 면접은 지원자가 어떤 경험을 했는지, 왜 그러한 경험을 했는지 등을 통해 지원자에 대해 좀 더 깊이 있게 알아보기 위한 면접 방식이다. 경험 속에서 지원자가 취한 태도와 구체적인 행동을 파악함으로써 지원자의 가치관과 태도 등을 파악할 수 있다.

상황 면접은 가상의 상황에서 어떠한 태도와 행동을 취할 것인지를 파악하는 것으로 미래의 행위에 초점이 있다. 사람은 특정한 정체성을 갖기 때문에 과거에 어떤 일을 대하고 처리하는 방식과 미래의 상황에서 일을 처리하고 대하는 방식이 관련성이 있기 때문에 과거 경험과 미래의 상황에서 지원자의 태도 및 일 처리 방식을 보면 그 사람이 어떤 사람인지 알 수 있다.

실무 수행 면접은 구체적인 실무 상황을 주고 문제를 해결하는 수행 방식을 묻는 면접이다. 상황을 분석하는 능력, 문제의 본질을 파악하는 능력 뿐 아니라 관련 문제를 해결할 수 있는 직무능력과 문제해결능력 등을 파악할 수 있어 최근에 많이 사용하는 면접 방식이다.

---

10) 면접은 2단계로 진행하는 기업이 54%로 가장 많았고 1단계만 진행하는 기업은 32%로 나타났다(연합뉴스 2019. 9. 9). 2단계로 면접을 진행하는 기업은 대체로 1단계는 실무면접을 2단계는 임원면접으로 진행된다.

아직은 일부 대기업에서 고려하는 정도이지만 AI면접 방식에 대해서도 이해할 필요가 있다.[11] 최근의 기사(뉴시스 2020. 1. 29)에 따르면 기업 10곳 6곳이 채용의 공정성 강화가 필요한데, AI의 도입이 대안이 될 수 있을 것이라고 응답하고 있다.

3) 질문의 의도, 즉 알고 싶어 하는 역량이 무엇인지 파악하라

공사나 공무원 채용에서는 여전히 대규모 공채가 이루어지고 있지만 최근 기업들은 직무 중심으로 결원을 보충하는 정도의 인재를 선발하는 쪽으로 바뀌고 있다. 그래서 지원자가 선발하려고 하는 구체적인 직무에 필요한 능력을 갖추고 있는지를 면접을 통해 알고 싶어 한다. 그리고 면접 질문들은 이러한 능력을 갖추고 있는지를 발견하기 위해 전문가들의 자문을 받아 만들어진 질문들이다.

그러므로 지원자는 이러한 질문의 의도, 즉 그 질문을 통해 자신의 어떤 역량을 알고 싶어 하는지를 먼저 파악해야 한다. 여러 번 반복해서 말하지만 기업의 입장에서 신입사원은 특정한 직무에 적합한 사람을 찾는 것이다. 질문의 의도를 제대로 파악해야 필요한 역량을 갖추고 있음을 입증할 수 있는 경험담이나 업무 수행 방식을 대답할 수 있기 때문이다.

예를 들어 입사 지원 동기를 묻는 질문도 '전공과 다른데 왜 영업직

---

11) 전국경제인연합회 산하 한국경제연구원(KERI)이 지난해 주요 대기업 131개사를 조사한 결과 4곳 중 1곳 꼴로 채용 과정에 이미 AI를 활용하고 있거나 향후 활용 계획이 있는 것으로 나타났다(SBS 뉴스, 2020. 1. 13)

을 선택하셨나요?'와 '왜 하필 우리 회사인가요?'의 질문은 질문의 의도가 다르다. 전자는 바꾸어 말하면 왜 기획 업무나 관리업무가 아닌 영업을 선택했는지, 즉 직무 지원 동기를 묻는 것이고, 후자의 질문은 동일한 업종의 타 회사가 아닌 우리 회사인지를 묻는 질문이다.

질문의 의도, 즉 기업이 알고 싶어 하는 핵심 역량이 다르면 대답도 그에 걸맞게 달라져야 할 것이다. 그리고 응답 속에는 영업 직무가 기획이나 관리 업무와 다른 특징이 무엇인지, 영업 직무를 수행하는 데 필요한 역량이 무엇인지뿐 아니라 자신이 그러한 역량을 갖추고 있다는 것을 입증할 수 있는 경험이나 자신의 이력을 토대로 응답을 구성해야 할 것이다.

학생들을 지도하다 보면 직무와 관련된 경험이 없어 고민이라고 하는데, 신입사원의 경우 직무와 연관된 교과목을 수강한 것, 관련 프로젝트를 수행한 것, 인턴 경험 등도 직무 관련 경험이라고 볼 수 있다. 즉 자신이 직무를 수행하는 데 어떤 역량이 필요한지, 그러한 역량을 키우기 위해 어떠한 공부를 하고 어떠한 노력을 했는지 등을 말하는 것이 좋다.

4) 자기 분석 및 직무 분석을 토대로 응답할 내용을 효과적으로 조직하라

면접 질문에 응답을 할 때는 핵심 내용을 먼저 이야기한 후 부연 설명을 하는 방식으로 대답하는 것이 좋다. 면접 말하기도 질문에 응답하는 방식임을 잊지 말자. 면접관이 듣고 싶어 하는 핵심 내용을 먼저 이야기한 후, 핵심 내용을 상술하는 두괄식으로 말하는 것이 좋다.

또한 STAR 기법을 활용하되, 자신이 어떠한 태도(Attitude)를 보였는지, 구체적으로 어떤 행동(Action)을 보였는지 지원자 자신의 해결 방식을 보일 수 있는 행동과 태도에 초점을 두어 말하는 것이 좋다. 기업의 관심은 어떤 경험에 있는 것이 아니라 지원자의 문제 해결 방식이고, 그 경험을 통해 지원자가 무엇을 배우는지를 알고 싶은 것임을 기억하자.

5) 한 가지 결정을 원하는 질문의 함정에 빠지지 말라

질문에 답을 하는 과정에서 지원자들이 범하기 쉬운 실수 중 하나는 둘 중 하나를 고르라는 질문을 받을 경우, 질문 속에 빠져 창의적인 답변을 하지 못하는 것이다. 예컨대 '당신이 오랫동안 준비한 일을 발표해야 하는 상황인데, 가족 중 한명이 사고가 나서 응급실에 있다고 연락이 왔다. 이런 상황에서 당신은 어떤 선택을 할 것인가?'라고 물으면 회사 일 아니면 병원 둘 중 하나를 선택해야 한다고 생각한다.

자신이 맡아온 일이고 발표자이기 때문에 회사일이 중요하다고 생각하고 회사일부터 하겠다고 답변하는 경우가 많다. 하지만 현실적인 상황에서 과연 가족이 응급실에 있는데, 발표를 잘 할 수 있을까? 기업도 가족을 포기하기를 바라지 않을 것이다.

하지만 회사의 일은 혼자서 하는 경우보다 대체로 팀별로 하는 경우가 많다. 그래서 이러한 상황이라면 같은 팀원들도 일을 알 것이다. 그렇다면 상사, 팀원들에게 상황을 설명하고 도움을 받는 것도 방법이다.

도움을 받을 줄 아는 사람이 다른 사람도 도울 수 있는 유연함이 있을 것이다.

어쨌든 많은 사람들은 딜레마 상황에서 어떤 문제를 해결할 때 A 아니면 B라는 함정에 빠지게 된다. 문제의 밖에서 문제를 볼 때 딜레마도 보일 수 있다는 점, 어떤 문제도 해결하려는 의지가 중요하지 정답이 있는 것이 아니라는 점을 기억할 필요가 있다.

6) 신입사원의 채용 맥락임을 기억하자

면접 맥락이 신입사원 채용 맥락임을 잊지 말아야 한다. 학생들과 모의 면접을 할 때, 자신을 여전히 '대학생'이라고 생각하고 답변하는 경우가 많다.

취업 면접에서 기업이 상대를 보는 관점은 '신입사원'인데, 학생들은 여전히 '대학생'의 관점에서 답변을 준비하고 대답하는 것이다.

그러므로 모의 면접을 준비할 때부터 자신을 '신입사원'이라고 마음으로 준비할 필요가 있다. 물론 하루아침에 '대학생'이 '신입사원'이 될 수는 없겠지만, 자신을 어떻게 설정하는가에 따라 '질문에 대한 답변'이 달라질 수 있음을 기억해야 한다.

7) 면접관 체험을 통해 관점을 전환해 보라

모의 면접을 하기 전에 면접관 체험을 해 보는 것이 좋다. 자신이 해당 기업의 면접관이라고 생각하고 면접 질문을 만들어보고, 그 질문을 왜 할 것인지를 적어보자.

면접관 경험을 통해 학생들은 면접관의 입장에서 신입사원이 어떤 능력을 갖추기 바라는지를 추체험 할 수 있다. 면접관 체험은 동일한 직종이나 직무를 지원하는 학생들끼리 하는 것이 좋다.

면접관 체험을 할 때는 질문 선정 이유, 즉 질문을 통해 무엇을 알고 싶은 것인지를 면접관이 먼저 준비하고, 면접 후에 피드백 과정에서 질문을 준비한 의도와 답변에 대해 어느 정도 만족하는지를 상호 정보 교환을 하면서 면접 연습을 해 볼 수 있다.

질문을 만들 때는 직무 질문, 상황 질문, 경험 질문 등을 다양하게 만들어 보는 것이 효과적이다. 최근의 면접은 구체적인 직무에 대한 질문, 가상 상황을 주고 대처하는 방법을 보는 질문, 구체적인 경험에 대한 질문 등이 이루어지고 있는 만큼 이런 질문들에 당황하지 않도록 경험해 보는 것이 필요하다.

필자는 학생들의 이해를 돕기 위해 다음과 같은 샘플 과제 양식을 제공하고 있다.

▶ 면접관 체험을 위한 질문 작성 연습

면접관 이름:

지원자 이름: 지원업종 및 기업:

질문 항목	질문 내용	질문 선정 이유, 즉 질문을 통해 알고 싶은 점(능력)
직무지식 질문 1		
직무지식 질문 2		
상황 질문 1		

상황 질문 2		
경험 질문 1		
경험 질문 2		

질문 1)은 직무지식 면접을 작성합니다. 해당 직무를 수행(직무능력)하는 데 필요한 능력을 갖추고 있는지를 확인할 수 있는 질문을 구성해 오기 바랍니다.

질문 2)와 3)은 기타 경험 질문 및 상황적 질문을 작성해 옵니다. 직업기초능력(의사소통능력, 수리능력, 문제해결능력, 자기개발능력, 자원관리능력, 대인관계능력, 정보능력, 기술능력, 조직이해능력, 직업윤리 등 10가지) 중 하나를 확인할 수 있는 경험이나 상황에서 행동을 묻는 질문을 만들면 될 것입니다.

▶ 질문의 유형 샘플

면접 유형	사례
직무지식 질문	• 당신이 안전요원들을 데리고 브레인스토밍을 주관한다면 어떤 단계를 밟아야 할지 말해보시오. • 텔레비전 광고 캠페인을 개발할 때 어떤 요소들이 고려되어야 하는지 말해보시오.
상황적 질문	• 당신보다 작업 경험이 많은 동료가 개선된 작업과정 표준에 불만을 제기하면서 그대로 하지 않는다면 당신은 어떻게 하겠습니까? • 당신이 판매 프레젠테이션을 하는 과정에서 전혀 모르는 기술적인 질문을 받았다면 어떻게 대처하겠습니까?
과거행위 질문	• 당신의 과거 직무경험에 근거하여 동료를 돕기 위해 취한 행동 중 가장 중요한 행동은 무엇입니까? • 당신이 아주 효과적인 판매 프레젠테이션을 개발한 구체적인 예를 제시하시오.

- 출처 : 박상진·황규태(2000:95)

다음은 학생이 패션 매거진 지원자를 대상으로 작성한 면접관 질문 내용이다.

▶ 모의 면접 시 면접관 체험을 위한 질문지 작성 사례

질문 항목	질문 내용	질문 선정이유, 즉 질문을 통해 알고 싶은 점(능력)
직무지식 질문 1	2019년이 다가오는데 2019년에 유행할 컬러와 옷의 트렌드를 말해보시오.	잡지나 기사를 통해 얼마나 발빠르게 트렌드를 읽어내는지 알고 싶었습니다.
직무지식 질문 2	편집기획을 할 때 무엇을 가장 중요시 하는지 말해보시오.	에디터도 편집기획을 할 수 있기 때문에 기본적인 질문을 해보았습니다.
상황 질문 1	스타일리스트, 카메라맨, 모델, 리포터 등의 협력에 의해서 패션 정보를 수집, 분석 하여야 하는데 그들이 협조적이지 않을 때 어떻게 설득하시겠습니까?	자신이 일을 할 때 가장 필요한 사람들을 어떻게 자기사람으로 만들지 궁금했습니다.
상황 질문 2	화보 촬영 중 관계자가 모델이 맘에 들지 않아 모델을 바꾸자고 했습니다. 기존에 촬영 중이던 모델에게 어떻게 이야기 하시겠습니까?	임기응변 능력을 보고 싶었습니다.
경험 질문 1	주변 지인들의 옷 스타일이 맘에 안 들어서 코디를 해준 적이 있습니까?	늘 자신에 대한 일을 생각하는지 궁금해서 질문 했습니다.
경험 질문 2	일을 하던 중 나를 가장 행복하게 했던 순간은 어떤 것입니까?	일이 힘들 때 무엇을 통해 극복하는지 듣고 싶었습니다.

8) 면접 시에 면접관으로부터 받고 싶은 질문과 그 이유를 작성해 보라

모의 면접을 할 때, 면접관으로부터 받고 싶은 질문과 그 이유를 작성해 보는 것도 좋은 경험이 될 것이다. 자신이 질문을 받고 싶다는 것은 그 부분에 대해 자신이 있거나 이미 준비된 질문일 확률이 높다. 이러한 방법은 자신이 갖춘 능력을 미리 점검하는 기회를 제공하기도 한다는 점에서 효과가 크다.

또한 모의 면접이지만 학생은 매우 긴장을 하여 면접관의 질문에 답변을 하지 못하거나 면접 불안에 시달리기도 하는데, 미리 아는 질문을 줌으로써 긴장을 풀 수 있는 효과를 노릴 수 있다. 물론 실제 면접 상황에서는 내가 받고 싶은 질문을 받는 것이 아니라는 점을 학생들에게 충분히 설명하고 이러한 모의 면접을 하는 이유도 함께 설명하는 것이 좋다.

9) 모의 면접 상황을 녹화하여 다시 보면서 자신의 말하기나 행동 습관을 인지하고, 필요하다면 교정하도록 하라

모의 면접 상황을 녹화하여 반드시 자신이 볼 수 있도록 할 필요가 있다. 많은 경우 자신의 목소리를 녹화하여 듣기보다는 자신의 귀로 듣게 되고, 자신의 행동을 직접 관찰할 기회가 많지 않기 때문에 자신의 말하기나 행동 습관을 잘 알고 있는 경우는 드물다. 또한 알고 있다고 하더라도 긴장을 하면 이러한 습관들이 더 빈번하게 일어날 확률이 높다.

필요하다면, 그리고 그러한 습관을 고칠 필요가 있는데, 그러려면 나의 습관을 있는 그대로 아는 것이 필요하다. 물론 습관은 쉽게 고쳐지는 것이 아니기 때문에 면접을 얼마 앞두고 잘못된 습관을 급하게 고치려고 하면 역효과가 날 수도 있다.

그러므로 모의 면접을 실습하는 학생이 저학년이라면 고칠 수 있도록 조언을 하되, 고학년으로 바로 면접에 임해야 한다면 자신의 습관을 인지하고 준비하도록 조언할 필요가 있다. 알고 있는 것만으로도 당황하지 않고 대응할 수 있다. 예컨대 면접관이 '말이 좀 빠르네요.'라고 했는데, 자신이 말이 빠르다는 것을 이미 알고 있다면 당황하지 않고 자신이 어떤 노력을 하고 있는지도 말할 수 있을 것이다.

제 5 장

업무 수행을 위한 글쓰기

1. 공문서 쓰기

1) 공문서란 무엇인가?

공문서(公文書)란 '공공기관이나 단체에서 공식으로 작성한 서류'로 사문서(私文書)의 상대적 개념이다.[1] 즉, 개인이 아닌 특정 기관이 그 기관의 공식적인 업무와 관련하여 작성하거나 접수한 모든 문서를 지칭한다. 공문서는 대체로 문자 언어로 작성한 종이 문서를 의미했으나 최근에는 인터넷을 이용하여 업무 수행을 하기 때문에 전자 문서도 포함한다.[2] 또한 기술의 발전으로 기록의 수단이 다양화되고 있는데, 업무 관련 사진, 디스크, 테이프, 필름, 슬라이드 등도 공적인 업무와 관련하여 기록된 것이라면 공문서로 간주한다. 그러므로 '공문서는 특정 기관이 업무와 관련하여 작성하거나 접수한 모든 기록물'을 의미한다고 할 수 있다.

---

1) 사문서(私文書)란 '개인이 권리, 의무 또는 사실 증명에 관하여 작성한 문서'로 개인이 작성한 차용증이나 각서 등을 말한다.

2) 종이 문서에만 부여하던 법적 효력이 전자문서에도 주어진다. 과학기술정보통신부는 2020년 12월 10일부터 '전자문서 및 전자거래 기본법'을 실시한다고 밝혔다.

2) 공문서는 어떤 조건을 갖추어야 하나?

공문서가 공문서로서 효력이 발생되기 위해서는 업무상의 공적 기록이라는 것 외에 다음과 같은 조건을 더 갖추어야 한다.

첫째, 형식을 준수해야 한다. 공문서는 규격과 양식이 정해져 있는데, 이러한 규격 및 양식을 준수해야 한다. 공문서는 크게 대외 문서와 대내 문서로 나눌 수 있다. 대외 문서는 특정 기관과 특정 기관 사이에 오고 가는 문서이고, 대내 문서는 특정 기관의 내부 부서 사이에서 오고 가는 문서이다. 대외 문서와 달리 대내 문서의 경우는 특정 기관 특유의 표시나 어휘를 사용하는 등 미세한 부분에서 문서 형식이 다를 수 있으나, 공문이 갖추어야 할 기본 요소를 갖추어야 한다는 점에서는 대외 문서와 동일하다.

둘째, 해당 업무와 관련하여 정당한 권리자가 작성해야 한다. 대부분의 조직은 수행해야 할 업무 영역이 정해져 있으며 해당 업무를 담당하는 직원이 정해져 있다. 공문서는 해당 업무를 담당하는 직원이 해당 업무 수행을 위해 작성한 문서여야 하는 것이다. 예를 들어 대부분의 기관은 업무를 기획하는 부서가 있고, 업무에 필요한 물품을 지원 또는 관리하는 부서가 있으며, 자금의 수급을 관리하는 부서가 있다. 만약 기획 부서의 직원이 공적인 업무 수행을 위해 컴퓨터를 구입해야 한다면, 기획 부서의 해당 직원은 물품 지원 관리 부서에 컴퓨터를 요청하는 공문서를 작성하여 보내게 된다. 그러면 물품 관리 부서의 담당 직원은 회사 내에 보유 컴퓨터가 있는지를 확인한 후, 보유한 컴퓨터가 있을 경우 해당 컴퓨터를 지원하게 되고, 만약 없으며 새로 컴퓨터를 구입하여 지원하게 된다. 후자일 경우 관리 부서의 직원은 컴퓨터를 구입한 후, 자금 담당 부서에 컴퓨터의 대금을 지불해 줄 것을 요청하는 공문서를 작성하여 발송하게 된다. 이러한 모든 업무 수행 과정에서 공문서의 작성은 해당 분야의 업무 권한이 있는 직원이 작성해야 하는 것이다. 상시적으로 일어나는 업무이거나 긴박한 상황에서는 구두 의사 전달에 의해 먼저 업무를 수행하기도 하나, 그렇다고 하더라도 회사 자산의 움직임에 대해서는 반드시 기록해야 하므로 사후에라도 공문서를 갖추어 두는 것이 관례이다.

셋째, 해당 업무와 관련된 최종 결제권자의 결제가 있어야 한다. 위의 사례를 계속 들자면 실제로 기획부의 평직원이 공문서를 작성한다고 하더라도 최종 결재권자가 부서의 장이라면 기획부장의 결재가 있어야 공문서의 효력이 발생한다.

3) 공문서는 어떤 역할을 하는가?

공문서는 업무 수행과 관련하여 다음과 같은 기능을 갖는다.

첫째, 공문서는 업무와 관련한 특정 기관 또는 부서의 의사를 전달하는 기능을 한다. 어떤 기관이 수행하는 일은 대부분 여러 가지 과정을 거쳐 일어나기 때문에 특정한 과정을 담당하는 부서가 있다. 그리고 이러한 부서들은 해당 기관의 전체 업무 수행을 위해 긴밀하게 협력해야 한다. 공문서는 업무 수행 과정에서 특정 기관 또는 부서의 의사를 특정 기관 또는 부서에 전달하는 기능을 하는 것이다.

둘째, 공문서는 정보를 보존하는 기능을 한다. 즉, 공문서는 업무 수행 결과를 보존하는 기능을 한다. 공문서의 보존 기한은 공문서의 성격에 따라 다른데, 중요도에 따라 1년만 보존하는 공문서도 있지만 영구 보존하는 공문서도 있다. 특정 부서의 공문서는 그 부서의 업무 내용을 기록한 것이기 때문에 신입사원의 경우 자신이 배정 받은 부서에서 어떤 일을 하는지를 알고 싶으면 그 부서의 공문서 보관철을 보면 그 흐름을 알 수 있다.

셋째, 공문서는 갈등 해소 및 분쟁 해결을 위한 근거를 제공한다. 업무 수행 권한은 책임을 동반한다. 업무를 수행하다 보면 문제가 발생하는 경우가 있는데, 그런 문제의 원인을 추적할 때, 공문서는 중요한 근거 서류가 된다. 예를 들어 시청에서 주관하는 마라톤 대회를 가정해 보자. 마라톤 대회가 원활하게 이루어지기 위해서 교통 통제를 해야 하는데, 그러기 위해서는 교통을 담당하는 관공서의 협조가 필요하다. 그런데 행사 당일에 교통 통제에 문제가 있음을 발견했다면, 시청의 담당 직원이 교통 통제에 대한 협조 공문을 발송하였는지, 해당 부서에 교통 통제에 대한 협조 요청의 의사가 전달되었는지를 확인해야한다. 공문서는 그러한 사실을 확인할 수 있는 근거가 되는 것이다.

위의 상황과 같은 문제가 발생하였을 경우, 문제를 해결할 대안이 무엇인지 서로 협의하고 협력적으로 문제를 해결할 필요가 있다. 물론 이 모든 과정 역시 기록으로 남겨야 한다.

4) 공문서, 어떻게 작성하는가?

공문서는 형식성을 특징으로 한다. 즉 엄격한 형식을 갖추어야 공문으로서 효력이 발생하는 것이다. 공문서는 크게 서두, 본문, 결어 부분으로 나눌 수 있다.

(1) 서두의 구성 및 쓰기

공문서의 서두는 특히 형식성이 강하다. 서두에는 문서 번호, 시행 일자, 보존 기간, 수신자 정보, 발신자 정보, 제목 등을 적는다.

문서 번호는 문서 작성 부서에서 부여하는 번호로 기관 기호와 문서 고유 번호로 구성된다. 기관 기호는 대체로 기관명이나 부서명을 사용하는데, 보통 전체 명칭을 쓰지 않고 해당 기관 및 부서임을 알 수 있는 표현으로 2음절 정도로 쓴다. 예를 들어 '교육과학기술부'라면 '교과'라고 쓰거나 한성대학교라면 '한성'이라고 쓴다. 대내 문서일 경우에는 부서명을 쓰는 것이 관례이다. 예를 들어 한성대학교 학사지원팀에서 기안한 공문서라면 기관 기호명으로 '학사'를 쓰는 것이 일반적이다. 문서 고유 번호는 해당 문서에 부여되는 번호로 비유적으로 말하면 기관명은 사람의 '성'에 해당하고, 고유 번호는 사람의 '이름'에 해당한다. 문서 번호는 해당 문서와 관련된 모든 과정에서 법적 근거로 제시되는 것이기 때문에 중복 부여되면 안 된다. 따라서 대부분 문서 발송 대장을 만들어 관리하는 것이 관례이다.

시행 일자는 해당 문서의 내용을 시행하는 기준일이 되는 기록이다. 대체로 문서 발송일과 문서의 내용 시행일이 일치하지만, 특정한 업무는 발송일과 시행 일자가 다를 수 있다. 그럴 경우 발송 일자와 시행 일자를 구분하여 표시하는 것이 좋다.

공문서의 보존 기간은 중요도에 따라 1년, 3년, 5년, 10년, 영구 등으로 표시한다. 상시적인 업무로 업무 협조 요청서와 같은 공문서는 보통 최소 보존 기간이기 때문에 보존 기간을 표시하지 않는다. 그러므로 상시적인 업무와 관련된 것이라도 1년 이상 보존해야 할 필요가 있을 경우에는 보존 기간을 분명하게 밝혀 두는 것이 좋다.

수신자 정보는 수신자, 경유, 참조 등으로 구성되어 있는데, 경유와 참조는 필요할 경우에만 사용하는 선택 사항이다. 수신자가 2명 이상일 경우에는 수신란에 '수신처 참조' 또는 '수신자 참조'라고 쓰고, 문서의 결어 부분에 해당 수신 기관명을 쓴다. 경유는 보통 해당 공문의 업무 내용이 수신 부서 뿐 아니라 특정 부서와도 관련되어 있어 업무 처리 사실을 특정 부서에 알릴 필요가 있을 경우에 사용한다. 참조는 문서 접수 기관의 실제 담당 부서명을 기재하는 것이 관례이다. 예를 들어 '한성대학교' 내 '교수지원팀'에서 처리해야 할 업무라면 수신란에는 '한성대학교'를 쓰고, 참조란에 '교수지원팀'을 쓴다.

발신자 정보는 발신 기관의 주소, 전화 번호, 팩스 번호, 담당 부서 등이 포함된다. 좀 더 분명하게 하기 위해 담당자명을 밝히도록 하는 기관도 있다.

제목은 수신자 정보 다음 줄에 제목이라고 쓴 후 2칸을 띄어 쓰고, 공문서의 내용을 잘 드러낼 수 있는 알기 쉬운 표현으로 쓰되, '요청, 협조, 안내'와 같이 공문서의 목적이 분명하게 드러나는 어휘를 제목의 끝부분에 쓴다.

▶ 대외 공문서 서두 부분

○ ○ ○ ○ 협 회

우123-123 서울특별시 종로구 내자동 1번지 / 전화(02)453-1234 / 전송 (02)453-1235

문서번호 : ○○ 2019-103   시행일자 : 2019. 08. 20.

수 신   회원사
(경유)   ○○ 담당 부서장
참 조   담당 과장
제 목   "○○ 기업 문화 포럼" 참여 안내

▶ 대내 공문서 서두 부분

직 인 생 략

한성대학교 상상력교양대학 사고와표현과정
136-792 서울특별시 성북구 삼선교로 16길 116
Tel : 02)760-4354 Fax : 02)760-4350 E-mail : writing@hansung.ac.kr

한성대학교
HANSUNG UNIVERSITY

문서번호	사고와 표현 20-51	선결접수			지시결재·공람		
시행일자	2020. 08. 27.		일자				
			시간				
수 신	교무처장		번호				
		처리과					
참 조	교수지원팀장	담당자					
제 목	사고와표현과정 연구원 신규 임용의 건						

　　　사고와표현과정에서는 학술연구원의 신규 임용 관련된 사항을 아래와 같이 제출하오니 협조하여 주시기 바랍니다.

(2) 본문의 구성 및 쓰기

공문서의 본문은 보통 인사와 본 내용의 구성으로 이루어진다. 공문서의 인사는 보통 사적인 편지와 달리 계절 인사를 하는 것이 아니라 수신 기관의 발전을 기원하는 문구나 발송 기관의 관심에 대한 감사 인사로 시작한다. '귀사의 무궁한 발전을 기원합니다', '항상 저희 회사 제품을 애용해 주셔서 감사합니다'와 같은 감사 인사로 시작하는 것이 일반적이다. 다만 기관 내부 부서 사이에 오고 가는 대내 문서의 경우는 인사를 생략하는 것이 관례이다.

본문 내용을 작성할 때는 처리해야 할 업무의 내용에 따라 항목화한 후, 각 항목에 번호를 붙여 쓴다. 일반적으로 첫 번째 항목은 인사말을 쓰고, 두 번째 항목에 해당 업무에 대한 배경과 함께 공문서를 보낸 목적을 쓴다.

공문서의 전달 내용이 많을 경우 '다음' 또는 '아래'라는 표시를 한 후 항목화하여 표시한다.

공문서의 내용이 끝났을 때에는 2칸을 띄운 후 '끝'자를 표기한다. 본문이 오른쪽 끝에서 끝났을 때에는 줄을 바꾸고 두 칸을 띈 후, '끝'자를 쓴다. 다만 '첨부'가 있을 경우에는 첨부물을 표기한 후, 2칸을 띄우고 '끝'자를 표기한다. '끝'자를 표기한 후에는 반드시 마침표(.)를 찍는다.

▶ 항목화한 공문서의 본문 부분

1. 귀사의 무궁한 발전을 기원합니다.
2. ○○○협회에서는 건전한 기업 문화 형성과 발전을 위해 "○○기업 문화 포럼"을 다음과 같이 개최하오니 회원사 여러분의 많은 참여를 부탁드립니다.

다 음

　가. 행사명 : ○○기업 문화 포럼
　나. 참가대상 : 회원사 및 관계자
　다. 참가 신청 : 2020. 3. 2(월) ~3. 6(금) 18:00까지
　라. 제출 서류 : 참가 신청서 1부
　　　　　　　　(홈페이지 www. munhwa.com에서 내려 받으면 됨)
　마. 제출 방법 : 이메일 또는 우편(우편은 발송일 기준)
　바. 제출처 및 문의 : 총무부 행사과(담당자 홍길동)
　　　　　　　　　　(전화 : 02) 453-1234, 내선 123)

　　공문서는 일반인들이 알아보기 쉽게 써야 한다. 사무관리 규정(1991. 6. 19. 대통령령 제13390호, 개정 1995. 3. 6. 대통령령 제13870호, 개정 1996. 5. 3. 대통령령 제14989호)에 의하면 다음과 같이 명시되어 있다.

※ 공문서의 작성 원칙

"문서는 쉽고 간명하게 한글로 작성하되, 특별한 사유가 있는 경우를 제외하고는 한글 맞춤법에 따라 가로로 쓴다"

'사무관리규정' 제2장 '공문서 관리' 제2절 '문서의 작성.처리 심사' 제10조 '문서작성의 일반 사항'
　　　　　　　　　- 국립국어원, 이런 말 실수 저런 말 실수-

위의 내용을 문장으로 다시 정리하면 다음과 같다(국립국어원, 2000)

① 공문서는 쉬워야 한다.

② 공문서는 간단해야 한다.

③ 공문서는 명료해야 한다.

④ 공문서는 한글로 작성한다.

⑤ 공문서는 한글 맞춤법에 따른다.

⑥ 공문서는 가로로 쓴다.

(3) 결어의 구성 및 쓰기

공문서의 결어 부분은 발신 기관명과 기관장의 표기, 첨부 문서 표기, 수신처 참조 표기 등이 포함된다.

발신 기관의 이름과 기관장을 표시할 때는 기관명을 공문서의 아래 부분 가운데에 쓰고, 줄을 바꾼 후에 기관장의 이름을 쓴 후 직인을 찍는다.

첨부 문서를 표기할 때는 본문과 기관명 사이에 '붙임' 또는 '첨부'라고 쓰고 2칸을 띈 후, 첨무 문서명과 부수를 적는다. 첨부 문서는 1부이더라도 반드시 부수를 적도록 한다. 붙임이 2개 이상일 경우에는 일련 번호를 붙인다.

▶ 공문서의 결어 부분

```
붙임   1. 포럼 참가 신청서 1부.
       2. 행사 관련 홍모 책자 10부.  끝.



          ○ ○ ○ ○ 협 회
```

《실습 활동》 ━━━━━━━━━━━━━━━━━━━━━━━━━━

01 　다음 공문서의 잘못된 부분을 찾아 고쳐 보자.

성 북 구 도 시 관 리 공 단

150 - 736 서울 성북구 삼선동 389　　　　　　www.○○○.com
전화 02 - 2670 - 0200　　　　전송 2 - 2670 - 0482　　　담당자 : 홍길동

문서번호　성북 2019 - 53
수신자　　이하나
　　　　　(경유)
제목　　　스포츠센터 이용 불편 신고

---

　1. 항상 저희 공단의 스포츠센터를 이용해 주셔서 감사합니다.
　2. 2019. 1. 4일자 공단 홈페이지의 이용 불편 신고에 회신입니다.
　3. 어제 저희 직원이 정해진 퇴실 전에 퇴실 권유를 한 점에 대해서
진심으로 사과드립니다. 해당 직원에게는 주의 조치하였으며,　향후에
이러한 일이 발생하지 않도록 관련 직원들을 재교육하였음을 알려 드립
니다.
　4. 저희 공단의 스포츠센터 이용과 관련하여 불편을 드린 점 깊이
사과드리며, 향후에는 이러한 일이 발생하지 않도록 최선을 다할 것을
약속드립니다. 좀 더 좋은 서비스로 귀하의 마음을 풀어드릴 수 있도록
다시 한번 기회를 주시기 바랍니다. 감사합니다.

　　　　　성 북 구 시 설 공 단 (직인)
　　　　　이 사 장　○　　○　　○

02   본인이 학과 조교라고 가정하고, 학과(학부) 학생들의 수업 불참에 대한 공문을 작성하시오.

조건	- 수신할 교수를 2개 이상으로 할 것. - 불참 학생에 대한 명단을 포함할 것.

2. 기획서 쓰기

1) 기획서란 무엇인가?

기획서는 '하나의 프로젝트나 계획을 글로 담아낸 문서'를 말한다. 기획서는 중심 서술 내용이 무엇인가에 따라 제안서, 계획서, 의견서로 구분한다. 제안서는 '제안하다'라는 말에서 알 수 있듯이 특정한 사업이나 업무에 대해 새로운 안을 내 놓는 행위에 초점이, 계획서는 구체적인 일정 및 실행 방안에 초점이, 의견서는 특정한 사업 및 업무에 대한 견해에 초점을 둔 것이다. 그런데 특정 사업 및 업무는 새로운 안을 구체적인 일정 및 계획을 세워 진행하며, 그 업무에 대한 견해를 포함하기 때문에 기획서라고 통칭하여 부르기도 한다.

기획서 쓰기는 아이디어를 창안하는 단계와 그 아이디어를 문서화하는 단계로 구분할 수 있다. 업무를 위한 글쓰기는 대체로 쓸 내용이 정해져 있기 때문에, 내용을 격식에 따라 문자 언어로 구성하고 조직하는 비중이 아이디어를 생성하는 과정보다 상대적으로 높다. 그런데 기획서는 다른 유형의 업무 글쓰기와 달리 아이디어 창안 단계의 비중이 더 높은 편이다.

그럼에도 불구하고 좋은 기획 내용을 문서화하는 것 역시 매우 중요하다. 여기서는 논의의 편의상 기획하기 단계와 기획 내용 문서화하기를 구분하여 살펴보기로 한다.

2) 기획서, 어떻게 준비하는가?

(1) 기획의 첫 단계 :현재의 상황을 정확하게 진단하라

기획의 첫 번째 단계는 현재의 상황을 진단하는 것이다. '기획'은 다양한 맥락에서 사용되는 의미영역이 매우 넓은 용어가 되었는데, '일을 꾀하여 계획함'이라는 국어사전의 정의를 통해서 알 수 있듯이 '어떤 일이 이루어지도록 하는 일련의 절차를 포함하는 행위이다'[3]. 현재의 상황을 진단하는 것은 아이디어를 발견하기 위해서이다. 아이디어는 신상품 개발과 같이 새로운 것일 수도 있고, 프로그램의 버전업과 같이 기존의 것에 대한 개선일 수도 있으며, 현재 진행 중인 업무의 지속 또는 폐지에 대한 의견일 수도 있다. 어쨌든 이 모든 과정에 앞서 가장 먼저 해야 할 일은 현재 상황에 대한 정확한 진단이다.

---

3) '꾀하다'의 사전적 정의는 '어떤 일을 이루려고 뜻을 두거나 힘을 쓰는 일'이다.

(2) 기획의 두 번째 단계 : 트렌드를 읽고 업무와 연결하라

좋은 기획을 위해서는 현재 상황에 대한 진단과 함께 세상의 흐름을 읽고 그 속에서 업무의 현 상황을 진단하는 것이 필요하다. 세상의 모든 일은 연결되어 있으며, 그러한 연결들에 의해 트렌드가 형성되는데, 아이디어는 그러한 트렌드의 빈 곳에서 나온다고 할 수 있다. 전문가들은 이러한 빈 곳을 틈새시장이라고 한다. 틈새시장을 알아내기 위해서는 현재의 상황 뿐 아니라, 상황이 전개되어가는 양상까지 읽을 수 있어야 하는 것이다.

그런데 트렌드는 좁게 봐서는 보이지 않는다. 좋은 기획자가 되기 위한 조건으로 많은 전문가들이 '책 읽기'를 드는 이유는 이 때문이다. 한 사람이 경험하고 볼 수 있는 것은 시공간적으로 한계가 있다. 이러한 한계를 넘을 수 있는 방법이 바로 '책 읽기'이다. 책을 통해 우리는 직접 경험의 한계를 넘을 수 있다.

트렌드 읽기가 중요한 것은 기획의 성공 여부와 관련이 있기 때문이다. 트렌드를 읽는 문제는 신상품의 개발과만 관련되는 것이 아니다. 회사 내에 모유 저장고를 설치하는 문제를 생각해 보자. 요즘은 기혼 여직원의 복지를 위해 충분히 생각할 수 있고, 조직 구성원들의 반응 또한 나쁘지 않을 것이라는 점을 예측할 수 있다. 그런데 이러한 예측은 그냥 나오는 것이 아니다. 예컨대 '모유 수유'와 아이 또는 산모의 건강과의 관계에 대한 긍정적 평가에 대한 정보, 출산 장려 등과 같은 사회적 분위기 속에서 가능한 것이다. 산아 제한 정책이 국가의 주요 정책이던 60~70년대라면 이러한 제안은 성공하기 어려웠을 것이다.

※ 나의 기획력은 몇 점인가?

1. 기획이란 말에 대해 간단명료하게 설명할 수 있다.

2. 주변의 흐름이나 환경 변화를 빨리 읽어내는 편이다.

3. 예상치 못한 큰일이 생겨도 발 빠르게 대응하는 편이다.

4. 보고서나 기획서를 쓸 때 어휘 선택에 별로 부담을 느끼지 않는 편이다.

5. 경영의 핵심 요소와 경영 과정을 요약해서 말할 수 있다.

6. 담당 업무와 관련한 동호회나 스터디 그룹에 자주 나가는 편이다.

7. 전략에 대한 기본 내용과 요소를 누구에게나 쉽게 말할 수 있다.

8. 기획서나 보고서를 쓸 때 문장이 짧고 간결한 편이다.

9. 새로 해야 할 일이 주어지면 그 일의 전체적인 윤곽을 먼저 그리는 편이다.

10. 신문이나 잡지 등을 보면 핵심이 무엇인지 잘 파악하는 편이다.

11. 중요한 일은 분명한 원칙과 기준에 맞춰 결정하는 편이다.

12. 내용이 복잡할 때는 도표나 그림을 이용해 설득하는 편이다.

13. 중요한 일을 할 때는 부분과 전체의 상호작용을 확인하는 편이다.

14. 문제가 생기면 인과관계에 대해 논리적으로 파악할 수 있다.

15. 결정한 일은 실행에 집중해 높은 성과를 내는 편이다.

16. 업무 보고는 결론을 먼저 말한 뒤 본론을 제시하는 편이다.

17. 주어진 일이 어렵고 복잡해도 핵심을 잘 찾아내고 정리하는 편이다.

18. 어려운 일이 있을 때 문의할 수 있는 전문가들이 가까이하고 있다.

19. 개인적으로 중요한 일이 생기면 쉽게 의논할 수 있는 선배나 상사가 있다.

20. 자신의 입장이나 주장을 상대에게 분명하게 말하는 편이다.

점수 산정 방법 및 평가

① 위의 내용을 읽고 각각의 문항에 점수를 매긴다. '전혀 그렇지 않다'는 1점, '그렇지 않다'는 2점, '보통이다'는 3점, '조금 그렇다'는 4점, '매우 그렇다'는 5점으로 계산한다.

② 1, 5, 9, 13, 17번 문항의 점수를 모두 합한 것은 A로, 2, 6, 10, 14, 18번 문항을 합한 것을 B로, 3, 7, 11, 15, 19번 문항은 C로, 4, 8, 12, 16, 20번 문항은 D로 표시한다.

③ A는 기획 기본 개념 및 기획과 경영 사이의 관계에 대한 이해도, B는 환경과 정보에 대한 분석력, C는 대책 개발과 전략 마인드 등을 포함한 전략 수립 능력, D는 기획서 작성과 프레젠테이션을 위한 표현력이다. A, B, C, D가 각각 16점, 18점, 19점, 21점을 넘으면 뛰어난 기획자로서 자질을 갖췄다고 볼 수 있다.

– 출처 : 한겨레 21 646호 특집 기사

3) 기획서, 어떻게 작성하는가?

(1) 문서화의 첫 번째 단계 : 기획 목적 및 배경 쓰기

기획 목적이 보다 분명한 목표라면 기획 배경은 그러한 아이디어를 내게 된 이유 또는 그러한 아이디어가 성공할 수 있는 사회적 배경 등을 말한다. 아래 표는 구청 행정 서비스 친절 직원 선발 대회에 대한 기획 목적 부분이다.

▶ 대회 기획 목적

---

1. 기획 목적
 - 행정 서비스 친절 직원 선발 대회를 통해 공무원의 친절한 업무 수행을 독려하고자 함.
 - 구민들이 직접 개선 사례를 발굴함으로써 구민의 의견을 적극적으로 수렴하는 구청의 이미지를 제고하고자 함.

위는 구청 공무원의 "행정 서비스 친절 직원 선발 대회"를 개최하는 이유를 항목화한 것이다. 이 경진 대회는 공무원의 친절한 업무 수행 독려, 구청의 이미지 제고를 목적으로 한다는 점이 잘 드러나 있다.

(2) 문서화의 두 번째 단계 : 기획 내용 추진 일정 쓰기

▶ 대회 추진 일정

- 평가 기간

  각 구청은 2010년 상반기(1월 1일~6월 30) 동안 해당 구청의 친절 직원을 선발하도록 함.

- 평가 방법

  친절 직원 선발은 해당 기간 중 구청을 방문한 구민에게 평가표 받도록 함(※서류의 뒷면에 평가표를 인쇄하는 방법으로 비치함. 평가를 강요는 하지 않도록 주의 할 것.)

추진 일정은 해당 기획 내용을 성공적으로 수행하기 위한 전략이나 방법 등을 기술하는 부분이다. 추진 일정은 구체적으로 쓰는 것이 좋다. 위의 일정에는 평가 기간 및 평가 방법을 명시하고 있다. 신상품 판매 기획일 경우에는 구체적인 판매 전략이, 업무 개선 제안일 경우에는 개선의 방법이 추진 일정에 포함될 수 있다.

(3) 문서화의 세 번째 단계 : 기타

▶ 대회 수상자 포상 및 활용 방안

- 포상
  친절한 직원으로 선발된 직원에게 포상하고, 인사 고과에 반영하기로 함.

- 포상자 활용 방안
  신규 채용 공무원 연수 시에 선발된 공무원들을 강사로 초빙할 예정임.

기타 기획서에는 기획 내용 실행 후 얻을 수 있는 기대 효과 및 활용 방안 등이 포함되는 것이 좋다. 위 내용은 대회 수상자에 대한 포상과 수상자의 활용 방안을 명시한 부분이다. 이 부분 역시 기획의 유형과 내용에 따라 달라 질 수 있다. 신상품 개발 기획인 아래 기획서에는 신상품의 콘셉트와 상품 구성 내역 등이 명시되어 있다.

▶ 신상품 개발 제안에 대한 기획서

신상품 개발 기획

1. 제안 목적

'소바 만들기 세트'의 개발 판매

2. 기획 배경

현재 서서히 '소바'의 붐이 일고 있습니다. 단순히 맛있는 소바를 먹을 뿐만 아니라 이제는 자신이 직접 '소바'를 만들어 보는 것이 유행할 것으로 보입니다. 이제 '소바'의 면발을 뽑는 행위는 단순히 맛과 정통성을 추구하는 일에 그치지 않고, 효과적인 여가 활용법으로 정착되고 있습니다.

3. 제안 이유

① 소바는 일상생활에서 즐겨 먹는 음식이다.

② 소바는 손수 만드는 것이 화제가 되기 시작하고 있다.

③ 소바 만들기 세트는 당사가 자신 있게 내놓을 수 있는 맞춤 세트이다. 필요한 소바 가루는 당사의 재료를 이용하고, 소바를 뽑는 도구는 당사의 거래처인 주방기기 회사의 제품을 이용하도록 한다.

④ 소바 가루에 대한 수요로 볼 때 계속적인 판매가 가능하다.

4. 상품 콘셉트

가족과 함께 여가시간을 즐기면서 정통 소바를 맛볼 수 있는 본격 소바 만들기 세트

5. 상품 내용

(a) 소바 가루
(b) 도구(반죽을 미는 봉, 반죽 그릇, 반죽을 치는 도마, 반죽을 자르는 칼, 반죽판)
(c) 간단한 소바 만들기 숙달법 VTR

6. 판매 전략

① 판매 대상/판매 방법30대 이상 남녀로, 식생활에 관심이 있는 중년층을 대상판매 방법은 당사 홈쇼핑 부서에서 테스트 판매를 실시

② 구입/판매 가격구입 가격 : 11,000엔판매 가격 : 27,500엔
　※ 초기 비용으로 소바 만들기 비디오 제작에 200만 엔 소요 예상

③ 판매 시기/판매 지역2008년 9월, 전국 특히 도시 지역에서 테스트 판매

④ 판매 예상첫해 2,000세트 목표(소바 가루의 지속적인 구입은 포함시키지 않음)

첨부 : 개발 스케줄

- 출처 : 사이토 마코토, "기획서·제안서 작성법."

168

위는 '소바 만들기 세트'에 대한 신상품 개발 기획서이다. 기획 배경에는 '소바 만들기 세트' 판매의 배경으로 소바 만들기가 효과적인 여가 활동이 될 수 있을 것이라는 점을 들고 있다. 여가 활동에 많은 시간을 할애하는 현대인들의 생활 패턴에 대한 관찰에서 나온 것으로 아이디어 돋보이는 기획서이다. 신상품 개발 및 판매 기획서이기 때문에 판매 전략을 구체적으로 기술하였으며, 개발 일정을 첨부하였다.

▶ 상담실 설치에 대한 업무 제안서

본사 고객 상담실 신설에 관한 제안

1. 현황의 문제점

① 영업직원이 업무 시간 중에 고객의 문의를 받고 있기 때문에 충분한 대응이 이루어지지 못하고 있다. 또한 항상 영업직원의 판매 현장이 바뀌므로 고객과 영업직원과의 만남이 원활하게 진행되지 못하고 있다.

② 특히 기존 계약자 또는 입주자에 대한 애프터서비스가 원활하게 이루어지지 못하고 있다.

③ 문의에 대응하는 스킬도 개인에 따라 차이가 있어서 고객에게 만족을 주지 못할 때가 많다.

④ 문의와 불만사항에 대한 정보가 개인 단계에서 정리되어 버리기 때문에 차후에 개선방향과 미래지향적인 마케팅으로 연결되지 못한다.

⑤ 영업직원이 신규 고객에 대한 대응과 고객 개발에 전념할 수 없다.

---

2. 문제점 해결을 위한 제안

본사 안에 고객 상담실을 설치하고, 문의와 불만사항을 원칙적으로 이곳에서 취급한다(제안 이유).

① 고객에 대한 신속한 대응이 이루어진다(고객이 안심하고 문의할 수 있다).

② 문의의 75% 이상은 전형적인 질문으로, 매뉴얼화된 대응이 가능하다(적절한 대응이 곧 바로 이루어진다).

③ 불만사항이나 문의에 대한 정보가 데이터화된다. 불만사항에 관한 정보는 앞으로의 대응 매뉴얼에 반영시키고, 문의 데이터는 마케팅의 기초 자료로 활용한다(고객의 요구를 이해한 다음 적극적인 마케팅을 펼칠 수 있다).

④ 불만의 대부분은 영업직원과 의사소통 중에 발생되는 문제로, 소비자 상담실을 설치하는 편이 문제를 더 이상 확대시키지 않는다.

⑤ 영업직원의 부담이 줄어든다(보다 효율적 영업이 가능하다).

3. 실행 방법

① 직원 구성 : 실장 1명, 남성 책임자 1명접수 직원 2명 등 총 4명의 직원으로 구성

② 접수 시간 : 본사 업무 시간 : 월~토 오전 9시 반~오후 6시
 ※ 일요일, 휴일은 안내 테이프 방송

③ 접수 내용 : 주택 구입과 전시장 안내에 관한 문의와 각종 항의

④ 시스템 : 테이터베이스 시스템 도입

⑤ PR : 주택 안내를 위한 신문 광고와 전단지 광고에 상담실 전화번호 기재

4. 비용: 첨부

- 출처 : 사이토 마코토, "기획서·제안서 작성법"

위의 기획서는 업무 내용을 진단함으로써 문제점을 발견하고, 그 문제점 해결을 위한 제안서이다. 이 제안서는 문제점 해결을 위한 구체적인 제안이 돋보인다.

《실습 활동》

01 학교 행정 및 운영에 관한 사항 중 불만스러웠던 점이 있으면 적어보자. 그리고 그러한 문제가 발생하는 이유와 해결 방안을 구체적으로 써 보자(계단 이용과 같은 사소한 것에서부터 학사 운영에 따른 불편까지 광범위하게 생각해 볼 것).

02 총학생회 또는 학과(부) 학생회의 운영에 대한 불만 사항을 적어보고 그러한 문제를 해결할 수 있는 방안을 적어보자.

3. 매뉴얼 쓰기

1) 매뉴얼이란 무엇인가?

'매뉴얼'이란 제품 또는 프로그램의 조작 방법, 기술적 특성 등을 문서화한 것을 말한다. 이러한 매뉴얼에는 특정한 제품에 대한 설명 및 사용 방법을 알려주는 제품·사용 설명서에서부터 조리 방법을 알려주는 조리 매뉴얼, 업무 처리 지침서까지 다양하다. 한마디로 말해서 '매뉴얼'이란 특정한 절차 및 사용 방법 등을 표준화시켜 문서화 해 놓은 모든 것을 일컫는다. 즉, 매뉴얼은 최종 사용자들이 제품에 대해 바르게 이해함으로써 사용 목적에 맞게 이용할 수 있도록 안내하는 도우미와 같은 존재로, 제품의 효과적인 사용을 위해서 반드시 필요한 존재이다. 여기서는 제품·사용설명서를 중심으로 설명한다.

그런데 과거 우리나라 기업들은 제품·사용 설명서를 제품에 딸린 '부속품' 정도로 인식해 왔다. 주지하다시피 '부속품' 또는 '부속물'이란 주된 것에 딸린 부수된 것을 말한다. 즉 이 용어 속에는 제품·사용 설명서가 중요하지 않다는 인식이 깔려 있다. 아래 제시한 모 회사의 제품 구성 내역표는 이러한 인식을 잘 보여준다.

▶ 제품 구성 내역표 사례

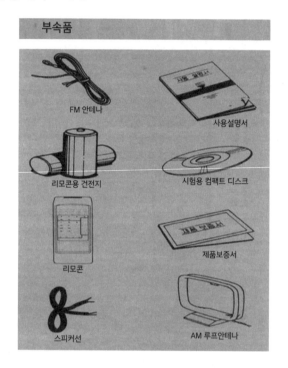

■ 제품·사용 설명서에 대한 새로운 인식이 필요하다

제품·사용 설명서는 단순히 '부속품'으로 인식해서는 안된다. 왜냐하면 제품 사용설명서는 '기업의 실질적인 이익'과 관련 있기 때문이다.

먼저 제품·사용 설명서가 어떻게 기업의 실질적인 이익과 관련되는지를 보자. 이에 대한 근거로 우리는 제품 사용설명서가 '품질 국제 인증'의 주요항목이라는 점을 들 수 있다. 품질 국제 인증은 국제표준화 기구(ISO)가 정한 품질이나 환경 규격을 충족시킨다는 사실을 보증하는 증표라고 할 수 있는데, 품질 인증 여부는 제품 판매와 직결되는 중요한 요소이다. 특히 국제간 교역에서 이러한 인증은 더욱 중요해진다.

▶ 품질 국제 인증의 구성 요소

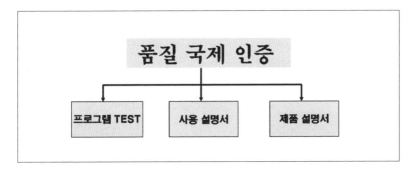

예를 들어, 소프트웨어를 수출하기 위해서는 품질 국제 인증을 받아야 하는데, 이러한 인증 항목에는 해당 제품에 대한 테스트 뿐 아니라, 그 제품에 대한 사용설명서, 제품 설명서 등이 포함되어 있다. 이러한 사실은 이제 제품 사용 설명서가 수출에 직접적인 영향을 줄 수도 있다는 것을 보여준다.[4]

---

4) 한국정보통신협회 산하 소프트웨어 시험센터의 조사에 따르면, 우리나라 기업 제품의 경우, 소프트웨어 성능은 매우 뛰어났지만 그 프로그램에 대한 설명이나 사용 방법은 대부분 수준 이하로 나타났다고 한다.

■ 제품·사용 설명서는 '제조물 책임법의 근거'가 된다

제품·사용 설명서는 '제조물 책임법(Product Liability)'의 근거가 된다. '제조물 책임법'이란 제조물의 결함으로 인해 손해가 발생하는 경우에, 제조업자나 판매업자에게 손해배상 책임을 지게 하는 법이다. 이미 많은 나라에서 소비자의 보호 방법으로 채택되고 있는 제도이다. 특히 매뉴얼(사용 설명서)의 경고문은 판결의 중요한 근거가 되고 있다.[5]

▶ 제조물 책임법의 성립 요건

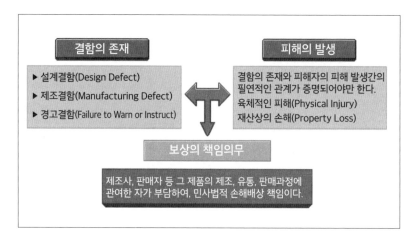

- 출처 : http : //interpl.org/basics/sub_l.html

---

5) 이 제도는 미국(1962), EU(1988 - 1994) 일본(1995), 중국(1993) 등 세계 30여 개국에서 이미 시행하고 있으며, 우리나라는 2002년 7월 1일부터 시행하고 있다.

필립모리스 등 미국의 담배 회사는 2000년 '경고 문구를 명시하지 않았다'는 이유로 흡연자들에게 1,448억 달러를 손해배상하라는 판결을 받았다. 반면 국내 모 속옷 제조 및 판매업체는 제품 사용 후 피부염에 걸린 환자가 소송을 제기했으나, 제품 사용 설명서에 '경고 문구를 정확히 명시'했다는 점이 인정되어 '배상 책임 없음'이라는 판결을 받았다.

▶ 제조물 책임법에 대한 판결 사례

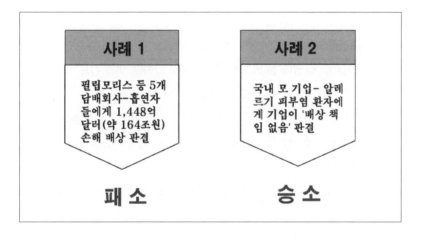

애플의 MP3 플레이어 아이팟이 청력 손실을 일으킬 수 있지만 이런 가능성을 충분히 알리지 않고 있다는 소송이 미국에서 제기됨에 따라 국내 업체들도 이와 유사한 소송에 휘말릴 수 있는 것으로 지적되고 있다.

5일 관련업계에 따르면 애플의 아이팟은 최대 115데시벨(dB) 이상의 음량을 낼 수 있으며 국내 업체들의 제품도 볼륨을 최대로 설정하면 100dB에 이른다. 100dB의 소리는 아무런 보호 장치가 없는 상태에서 15분 이상 노출될 경우 청력이 손상될 가능성이 있으며, 115dB의 소리는 30초 정도만 듣고 있어도 청력에 영향을 줄 수 있다.

애플 등 MP3 제조업체들은 설명서에 "큰 소리로 음악을 들으면 청력에 손상을 줄 수 있다"는 경고를 첨부해 놓고 있지만 '어느 정도가 큰 소리인지 명확하지 않다'는 게 소송의 빌미가 됐다.

애플사에 소송을 제기한 존 패티슨은 "최대 볼륨을 낮게 설정하거나 이어폰의 성능을 개선해 외부 소음을 차단할 수 있는 제품을 공급하라"고 주장했다.

이비인후과 전문의들은 "지하철이나 버스 등 소음이 80dB 이상 되는 지역에서 음악을 듣기 위해서 볼륨을 이보다 높이는 경우가 많아 청력 손상이 우려된다."고 경고했다. 특히 청력 손상은 일상적인 대화수준이 아닌 높은 주파수 영역에서 먼저 일어나기 때문에 자각하기가 어렵다. 일상적인 대화가 어려운 상황이 되면 이미 난청이 심각하게 진행된 상태인 경우가 많다.

하지만 MP3 제조업체로서는 이를 받아들이기 어렵다는 입장이다. 최대 음량을 낮게 설정하면 주변 소음이 높은 곳에서 사용할 수 없기 때문에 소비자의 불만이 높아질 수 있다. 또 외부 소음을 낮출 수 있는 이어

폰을 공급하기 위해서는 제품단가가 높아지기 때문에 이 또한 선뜻 받아들이기 어려운 입장이다. 귓속형 이어폰이나 밀폐형 헤드폰은 주변소음을 차단하는데 효과적이지만 일반 이어폰에 비해서는 가격이 비싸다.

MP3 플레이어 업계의 한 관계자는 "자동차의 최고 속도가 200km 이상이라고 하더라도 과속에 대한 책임은 운전자에게 있는 것"이라며 "MP3 플레이어의 최대 음량도 이용자가 충분히 조절할 수 있다"고 말했다. 이 관계자는 "제품 설명서에 숫자로 표시되는 음량이 몇 dB인지 표시하고, 보다 상세한 내용의 경고를 첨부하는 등 여러 가지 개선방안을 준비 중"이라고 밝혔다.

- 출처 : 서울경제신문, 2006. 2. 5.

[사례 기사 2]

> 회사원 김모(32·여)씨는 지난달 모 화장품회사의 로션을 구입했다가 곤욕을 치렀다. 화장품을 사용한 지 하루 만에 얼굴에 붉은 반점이 나타나더니 이틀 후에는 얼굴 전체가 반점으로 가득 차는 것이 아닌가. 놀란 김씨는 병원을 찾았고 화장품 부작용이라는 진단을 받았다. 꼬박 일주일간 입원 치료를 했던 김씨는 화장품 회사에 항의했지만, 별다른 대답을 듣지 못해 한동안 속앓이만 했다. 하지만 며칠 후 김씨는 환불은 물론, 병원비, 일주일간 출근하지 못해 손해 본 비용까지 모두 돌려 받을 수 있었다. 바로 제조물책임(PL)법 덕분이었다. 소비자의 권익보호를 위해 지난해부터 PL법이 시행되고 있지만, 막상 이를 제대로 활용하는 소비자는 별로 없다. PL법이 있는 것조차 모르는 소비자도 많다. 알고 있으면 큰 도움이 되는 PL법 활용방법을 알아보자.
>
> 과거에는 불량 제품으로 인해 소비자가 피해를 보더라도 제조업체의 고의나 과실을 피해자가 입증해야만 보상을 받았다. 하지만 PL법이 시행되면서 제품의 결함이 인정되고, 이로 인해 피해를 본 것만 입증하면 보상을 받을 수 있게 됐다.(중략)
>
> 알아둬야 할 PL법이 시행되고 있지만 소비자가 비정상적인 방법으로 제품을 사용하다 피해를 입었다면 보상을 받을 수 없다. 때문에 제품 구입 즉시 사용설명서를 반드시 읽어보고 제대로 사용하는 것이 좋다.
>
> 예를 들어 자동차를 불법 개조한 후 사용하다가 사고가 나면 제조업체로부터 PL법에 따른 배상을 받을 수 없다. 마찬가지로 난방용품 등의 제품을 당초 용도와 다른 목적으로 사용하다가 사고가 나도 배상을 받을 수 없다.(후략)
>
> — 출처 : 한국일보, 2003. 3. 28.

■ 제품·사용 설명서는 '기업의 이미지 형성'에 영향을 준다

▶ 사용 설명서 문구

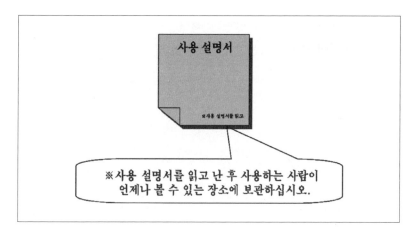

　제품·사용 설명서는 '기업에 대한 이미지 형성'에 영향을 준다. 사용 설명서를 보면 대부분 설명서 아랫부분에 '사용 설명서를 읽고 난 후, 사용하는 사람이 언제나 볼 수 있는 장소에 보관하십시오.'라는 문구가 적혀 있다.

　요즈음은 제품의 기능이 다양하기 때문에 처음부터 모든 기능을 숙지한다는 것이 쉬운 일이 아니다. 그렇기 때문에 더더욱 필요시에 기능을 찾아볼 수 있어야 한다.

　그런데 과연 몇 퍼센트의 소비자가 이 문구의 지시대로 늘 옆에 두고 사용할 때마다 도움을 받을까? 위계 없는 목차, 무슨 뜻인지 알기 어려운 어휘, 모호한 문장 표현, 순서를 무시한 기술 방법 등은 소비자들이 쉽게 이해할 수 없게 한다.

소비자의 85%는 제품 사용 설명서를 활용한다고 답변했는데 그들은 대부분은 아래와 같은 문제점을 지적했다(김은양, 2005).

첫째, 이해하기 어려운 말이 너무 많다.
둘째, 어디에 무엇이 있는지 찾기가 어렵다.
셋째, 절차가 너무 복잡하거나, 특정 절차가 생략되어 있어 적용하기 어렵다.

■ 핵심 내용 정리

제품·사용 설명서는

**기업의 실질적인 이익,
제조물 책임법의 근거,
소비자의 신뢰 형성에**

영향을 미치는 중요한 문서이다.

이제, 인식을 바꾸어야 한다.

2) 매뉴얼, 어떻게 작성하는가?

(1) 첫 번째 단계 : 내용 구성하기

① 소비자가 알고 싶은 것은 '사용 방법'임을 기억하라.

소비자는 어떤 사용 설명서를 원할까? 소비자의 관심은 제품을 어떻게 잘 사용할 수 있는지, 즉 사용 방법을 알고 싶어 한다. 그런데 기업의 입장에서는 자사의 제품이 얼마나 훌륭한지, 타사의 제품에 비해 어떤 점이 좋은지, 기존 제품에 비해 어떤 기능이 추가되었는지 등 제품 자체에 대한 자랑을 하고 싶어 한다. 즉, 제품·사용 설명서에 대해 소비자와 기업 사이에 '인식의 차이'가 존재한다는 것을 알 수 있다.

물론 어떤 소비자들은 제품의 성능이라든지, 업계에서의 위치에 대한 정보를 알고 싶어 할 수도 있다. 그러나 그러한 정보는 대체로 제품 구입을 결정하기 전에 필요한 정보이다. 제품에 대한 좀 더 자세한 설명은 '고급편'을 따로 만들거나 '기본편'과 '고급편'을 제공하여 소비자가 원하는 정보를 얻을 수 있도록 구성하는 것이 좋다. 그러나 목차 속에 너무 많은 정보를 넣게 되면 정작 필요한 것을 찾기 어려우므로 주의해야 한다.

▶ 제품·사용 설명서에 대한 기업과 소비자의 인식

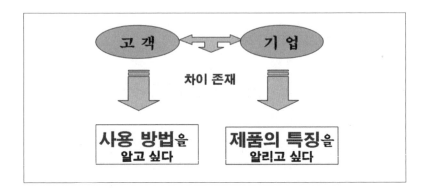

② 초등학생도 이해할 정도로 쉬워야 한다.

제품·사용 설명서는 이해하기 쉬워야 한다. 제품·사용 설명서를 쓰는 사람은 전문가이지만 소비자는 비전문가이다. 그러므로 해당 분야의 사람들이나 알 수 있는 전문 용어, 또는 일반적으로 사용하지 않는 용어, 심한 축약 표현 등은 사용을 삼가야 한다.

밑줄 친 '전고조파 의율, 혼조 의율, 그래픽 이퀄라이저'와 같은 용어는 일반 소비자들에게 매우 낯선 어휘들일 뿐 아니라, 관심도 없다. 기업의 입장에서는 이 제품이 우수하다는 것을 알리고 싶었을 것이다. 하지만 소비자는 이 제품을 어떻게 작동할 수 있는지를 먼저 알고 싶어 한다. 당연히 꼼꼼한 소비자라면 기업이 내세우는 정보들은 제품 구입 전에 알아보았을 것이다. 그러므로 제품·사용 설명서는 소비자가 제품을 구입한 후에 '사용 방법'을 익힐 수 있도록 도움이 되어야 한다.

제품 사용 설명서는 기업의 역량이나 기술 등을 내세우는 문서가 아니라 그 제품을 보다 효율적으로 사용할 수 있도록 도와주는 친절한 도우미와 같은 존재이다. 소비자들이 제품을 사용할 때, 실질적으로 도움을 줄 수 없는 설명서라면 어떤 소비자가 늘 옆에 두고 찾겠는가?

▶ 전문 용어 사용이 많은 제품·사용 설명서

P-747J/747JV의 특징

앰프부

- **파워 트랜지스터로 구성된 메인 앰프로써 우수한 전고조파 의율(THD), 혼변조 의율(IMD)을 얻게하여 원음에 가까운 선명하고 생동감있는 음을 재생합니다.**
- **7 BAND 이퀄라이저**
  60 Hz로부터 15 kHz까지의 주파수 스펙트럼을 조절할수 있는 그래픽 이퀄라이저로서 스피커 청취실의 특성, 청취자의 개성에 따라 조절할 수 있습니다.
- **자동 음색 조절기능**
  마이컴에 내장된 10가지의 음색을 선택하여 청취자의 기호에 맞추어 음악을 감상할 수 있습니다.
- **음색 기억기능**
  마이컴에 5가지의 원하는 형태의 음색을 기억 재생할 수 있습니다.

튜너부

- **Easy Operation 기능**
  본 기기에는 사용의 편리성을 위해 카세트 데크의 재생버튼, 컴팩트 디스크의 연주버튼이나 튜너의 수신대역 버튼등을 누르면 원하는 입력을 선택하지 않아도 원하는 소리를 들으실 수 있는 Easy Operation 기능을 채용했습니다.
- **자동/수동선국 (AUTO/MANUAL TUNING) 기능**
  선국 올림/내림 버튼으로 자동 또는 수동 선국을 할 수 있습니다.
- **프리세트(PRESET) 기억(MEMORY) 기능**
  FM 및 AM 30개국의 방송주파수 기억이 가능합니다.
- **고밀도 직접 회로의 합성장치로 조정되는 고주파부**
  프론트 엔드의 국부 발진기는 정확하고 안정된 수정 발진기를 기준으로 한 디지탈 튜닝방식(PLL) 회로에 의해 조정됩니다. 그 결과, FM은 200 kHz, AM은 9 kHz 스텝으로 방송주파수에 정확하게 동조해서 각 방송을 최적의 상태로 수신합니다.

③ 사용 설명서를 보고 누구나 따라할 수 있어야 한다.

제품·사용 설명서는 따라하기 쉬워야 한다. 스스로 제품을 조립해 보거나 설치해 본 사람들은 어려움을 한번쯤 겪어 보았을 것이다. 다시 강조하지만, 소비자는 비전문가이기 때문에 특정 절차를 생략한다거나, 순차적으로 설명하지 않으면 따라하기가 어렵다.

설치 방법은 시간 구성 방식과 공간 구성 방식 등 일정한 기준에 따라 설명해 주는 것이 좋다.

시간 구성 방식이 시간의 흐름에 따라 진행되는 요리 매뉴얼이나 제품 설치 방법 등을 설명하는 데 적절하고, 공간 구성 방식은 제품의 기능별 위치에 따른 사용 방법을 설명하는 데 적절하다.

하지만 하나의 방법만을 이용하는 것이 아니라 두 가지 방식을 적절하게 활용하는 것이 효과적이다.

최근에는 그림을 이용하기 쉬워서 공간 구성과 시간 구성을 동시에 활용한 사용 설명서가 주를 이룬다.

▶ 시간 구성 방식을 이용한 경우

<삼계탕 만드는 방법>

• 주재료 : 닭 1마리, 찹쌀, 인삼 1뿌리, 대추 2개, 밤 2개,
• 부재료(육수용) : 잣, 호두, 땅콩, 소주, 닭발 4개 정도, 소금 약간

① 닭을 깨끗이 손질한 다음 찬물에 담가 핏물을 빼준다.

② 닭발을 찬물에서 은근하게 끓인다.

③ 닭발을 끓이는 동안, 잣과 호두를 믹서에 갈아 놓는다.

④ 닭발이 흐물흐물해지면 여기에 ③의 재료를 넣고 은근한 불
   로 30분 정도 더 끓인다.

⑤ 핏물을 뺀 닭의 배에 소금과 후추 등을 뿌려 간을 해 준다.

⑥ 간을 한 닭의 배에 찹쌀과 준비한 인삼, 대추, 밤 등을 넣고 닭
   의 다리를 꼬아 실로 묶는다.

⑦ ⑥을 통째로 찬물에 넣고 40분 정도 푹 삶는다.
   ※ 닭은 잘못 삶으면 비린내가 날 수 있으니 반드시 찬물에 넣
   고 삶는다.

▶ 공간 구성 방식을 이용한 명칭을 설명한 경우

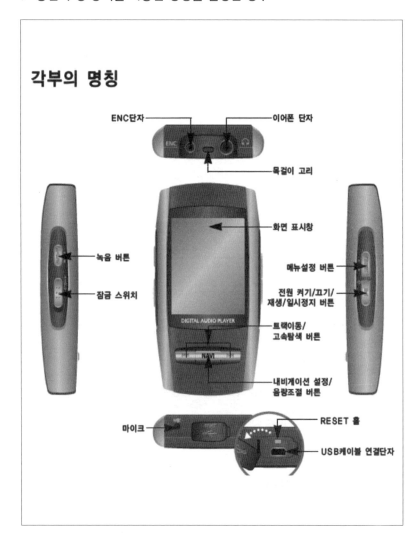

각부의 명칭

ENC단자 ─── ENC ─── 이어폰 단자
─── 목걸이 고리
─── 화면 표시창
녹음 버튼 ─── 메뉴설정 버튼
잠금 스위치 ─── 전원 켜기/끄기/재생/일시정지 버튼
DIGITAL AUDIO PLAYER ─── 트랙이동/고속탐색 버튼
NAVI ─── 내비게이션 설정/음량조절 버튼
마이크 ─── RESET 홀
─── USB케이블 연결단자

▶ 시간 및 공간 구성을 동시에 이용한 경우

1 메뉴에서 Settings를 선택하세요. ("메뉴 설정하기" 참조)

2 설정에서 **━**, **➕**를 이용하여 변경하고 싶은 기능으로 이동 후, NAVI 버튼을 누르세요.
● 상위 메뉴로 이동하고자 할 때는 **◄◄** 버튼을 누르세요.

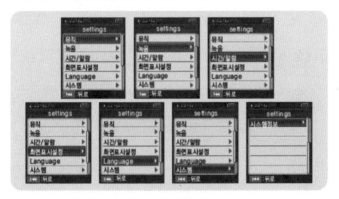

④ 검색하기 좋아야 한다.

제품·사용 설명서는 검색이 쉬워야 한다. 제품·사용 설명서는 소설처럼 처음부터 끝까지 다 읽는 것이 아니라 필요한 부분만을 찾아 읽는다. 대체로 제품 구입 시에는 주요 기능만 읽고, 필요할 때마다 필요한 부분을 읽게 된다. 특히 요즘은 기술력이 좋아지면서 다양한 기능이 부여된 제품들이 출시되고 있어 이러한 검색의 용이성이 매우 중요해지고 있다. 그러므로 제품·사용 설명서는 필요한 부분을 쉽게 찾을 수 있어야 한다.

■ 핵심 내용 정리

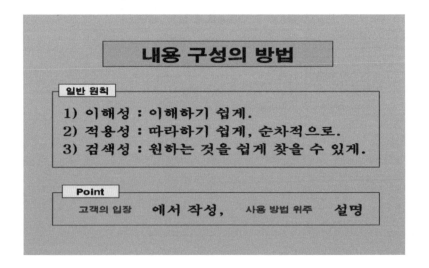

(2) 두 번째 단계 : 목차 구성하기

소비자에게 목차는 '지도'와 같은 역할을 한다. 지도는 현실 세계의 축소판이다. 그런데 지도는 현실 세계를 자세하게 보여준다기보다 특징적인 부분을 추상화시켜 보여준다. 예컨대 어떤 건물의 모양을 구체적으로 보여주지는 않지만 길과 길이 만나는 곳, 갈림길 등이 표시되어 있다. 지도를 보며 찾아가면 찾고 싶은 곳을 쉽게 찾을 수 있다.

작성자에게 목차는 '나침반'의 역할을 한다. 나침반은 나아가고자 하는 방향을 바르게 잡을 수 있도록 도와준다. 제품의 사용 설명서를 어떤 원칙에 의해 쓸 것인지, 기능별 위계는 어떻게 잡을 것인지 등 전체 구조를 잡는 역할을 한다.

목차 작성 요령은 작은 항목에서 큰 항목으로 유형화해가는 상향식 방법과 큰 항목 아래 하위 항목으로 분류해 가는 하향식 방법을 이용할 수 있다.

여기서는 전체 구조와 각 항목들 간의 위계를 잡기 용이한 하향식 목차 작성의 요령을 살펴보자.

① 기능을 분류하라.

제품의 경우 기능 단위로 각 장을 구성하여 목차를 잡는 것이 좋다. 그리고 기능들 간의 나열은 순서나 중요도를 감안하여 잡는 것이 좋다. 예를 들어 대부분의 전자제품은 특정한 방법에 따라 설치·조립 후 사용하게 되어 있다. 그럴 경우에는 설치 방법이 가장 위에 오는 것이 좋다. 반면 특정한 설치 방법이 없으며, 다양한 기능이 있는 가정용 복합기와 같은 제품의 경우에는 가장 많이 사용하는 기능을 먼저 배치하는 것이 좋다.

예) 복합기의 경우

1장	인쇄 기능
2장	복사 기능
3장	스캔 기능

예) 설치가 필요한 제품의 경우

1장	설치방법
2장	제품 운용 방법
3장	유지 보수 방법

② 기술할 항목을 정하라.

　기능별로 분류한 후에는 구체적으로 기술할 항목들을 정한다. 이 부분은 사용 설명이 본격적으로 시작되는 지점이기 때문에 사용자들이 가장 많이 검색하는 목차이다. 그러므로 너무 간결하여 무슨 내용인지 모르거나, 또 제목이 너무 길어 한눈에 보이지 않게 작성해서는 안 된다. 한눈에 '본다'는 느낌이 들 정도로 간결하되, 필요한 정보가 담겨 있어야 한다.

※ 목차 작성 시 고려할 점

- 항목들 간의 순서는 중요도에 따를 것(사용자의 입장에서)
- 각 항목들은 위계를 고려할 것
- 읽는다기보다 '본다'는 느낌이 들게 작성할 것
- 각 항목의 제목은 너무 길지 않게 작성할 것
- 각 항목의 제목 글자 수를 고려할 것

▶ 위계가 있는 목차

▶ 위계가 없는 목차

제품의 개요

용지 사용 방법

복사 기능

제품의 기능 ─ 인쇄 기능

스캔 기능

사진 공유 방법

소모품 주문 방법

유지 및 보수 방법

(3) 세 번째 단계 : 내용 기술하기

① 능동 표현을 써라.

> **능동 표현**
>
> • 전원이 끊어져 있는 것을 확인해 주십시오.
>
> ➡ **전원을 끊어 주십시오.**

② 직접적인 표현을 써라.

> **직접적인 표현**
>
> • 제품에 물을 뿌리지 않는 것이 좋습니다.
>
> ➡ **제품에 물을 뿌리지 마십시오.**

③ 짧고 간결하게 써라.

> **짧고 간결한 표현**
>
> • 접지를 하기 위하여는 접지 표시가 있는 접지 나사에 녹/황색 접비용 선을 서로 연결하여 주십시오.
>
> ➡ **접지를 하려면 녹/황색 선을 접지 나사에 연결하여 주십시오.**

④ 사용자 중심의 표현을 써라.

사용자 중심 표현

• 기계가 있는 쪽으로 검은 레버를 끌어 당겨 주십시오.

➡ 사용자 쪽으로 검은 레버를 당겨 주십시오.

■ 핵심 내용 정리

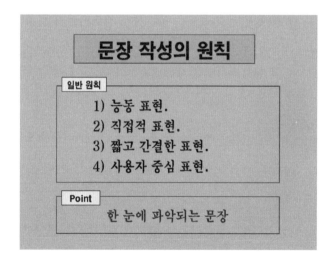

《실습 활동》

01   잘못된 표현에 밑줄을 긋고, 바르게 고쳐 보자.

① 청소 시 점화플러그나 열 감지부의 위치가 틀려지거나 천조각 등이 붙어 있지 않도록 특히 주의하십시오.

② 공해, 분진, 매연, 기타 악취 제거를 시킵니다.

③ 본 설명서의 내용은 충분하게 검토되었지만, 혹시 불충분한 점이나 고쳐야 할 부분이 있을 때는 고객 상담실로 연락주시면 감사하겠습니다.

④ 재생을 멈추게 하고자 할 때는 '정지' 버튼을 눌러 주세요.

⑤ 오랫동안 보온하시게 되시면 물이 상할 염려가 있으므로 하루 이상 보온시키지 마십시오.

⑥ 버튼을 누를 때마다 한 장면씩 재생되어집니다.

⑦ 버너헤드의 불구멍이 넘친 음식물로 오염되지 않았는지 확인합니다.

⑧ 특히, 베란다 설치 시 어린이가 밖으로 떨어질 위험이 있습니다.

⑨ 이뇨 및 염분이뇨 효과는 대게 투여 1시간 이내에 나타나며, 24시간이상 지속되므로 1일 1회 요법이 권장되며 원하는 치료효과가 달성된 후 유지용량으로 낮은 용량을 투여할 수 있습니다.

⑩ 크린 캡이 열리고 닫힐 때 멜로디가 나며 만약 멜로디를 없애고자 할 때는 본체의 운전 선택과 풍량 선택 버튼을 동시에 2초 이상 누르면 멜로디를 끄고 켤 수 있습니다.

⑪ 덮개를 열 때는 바깥쪽으로 미십시오.

02 지금까지 배운 내용을 토대로 자신의 휴대전화에 대한 제품·
사용 설명서를 작성해 보자.

기본편	초등학생이 읽는다고 생각하고 작성할 것

고급편	휴대전화에 관심이 많은 대학생 수준에 맞출 것

4. 전자우편 쓰기

1) 전자우편, 왜 잘 써야 하나?

전자우편은 휴대전화와 함께 현대인에게 없어서는 안 될 중요한 정보 전달 수단이 되었다. 전자우편은 전화와 달리 송신자의 감정을 드러내지 않으면서 필요한 정보를 충분히 송수신할 수 있어서 공적 업무에서도 중요한 수단이 되고 있다.

최근에는 대부분의 기업들이 내부 메일 시스템을 구축하여 사내 업무의 효율을 높이고 있다.

2) 전자우편, 어떻게 작성할까?

전자우편을 업무용으로 사용할 때는 이 역시 회사의 입장에서 쓰는 것이기 때문에 글의 구성, 문체, 어휘, 문장 등에 신경을 써야 한다.

(1) 첫 번째 단계 : 제목 쓰기

업무용 내용인 경우 제목은 본문 내용을 압축하는 제목을 쓰는 것이 좋다. 대부분의 이용자들이 스팸 메일 때문에 스트레스가 많기 때문에 안부 인사일 경우에는 제목에 실명을 노출하는 것도 좋은 방법이다. 한편 공문과 마찬가지로 메일 내용의 유형을 알아 볼 수 있는 '요청, 회신, 질의' 등과 같은 문구를 제목 끝에 밝히면 정보 전달의 효율성을 높일 수 있다. 예를 들어 고객의 질문에 대한 회신일 경우, '몇 월 몇 일 자 질의에 대한 회신' 또는 '2019년 ○○학회 전국 학술대회 안내'와 같은 제목이 효과적이다. 한편 이미 통화한 내용에 대한 메일이거나, 친분이 있는 경우라면 신속한 처리를 위해 '한성대학교 나은미입니다'와 같이 소속과 이름을 밝힘으로써 메일 확인 여부를 명세만으로도 결정할 수 있도록 배려하는 것이 좋다.

제목은 '콘서트 참가 문의'와 같은 명사형과 '콘서트 참가 문의 드립니다.'와 같은 서술형으로 구분할 수 있다. 명사형 제목은 좀 더 공식적인 느낌이 나며, 서술형 제목은 좀 더 개인적인 느낌이 나기 때문에 수신자가 친근하게 느낄 수 있다. 업무용 메일의 경우 명사형으로 쓰는 것이 무방하나 수신자가 단독이거나, 어려운 사람일 경우에는 서술형을 쓰는 것이 좋다. 한편 제목의 길이는 10자 이내로 너무 길지 않게 한 눈에 들어오게 작성하는 것이 좋다.

(2) 두 번째 단계 : 본문 쓰기

본문 구성은 본문에 텍스트 형식으로 쓰는 방법과 첨부용 문서를 붙여 보내는 방법이 있다. 전자의 방법은 내용이 비교적 적을 경우에, 후자의 경우는 내용이 복잡하고 많을 경우에 사용한다. 요즘처럼 바쁜 시대에는 첨부 파일을 한 번 더 클릭하는 것도 심리적 부담을 줄 수 있으므로 첨부 파일을 붙여 보내는 경우라도, 간단한 메모 정도를 본문 텍스트에 다시 써 준다면 상대를 배려하는 느낌을 줄 수 있다. 항목이 여럿일 경우에는 일련번호를 붙여 표기하는 것이 정보 전달에 효과적이며, 본문 텍스트는 가능하면 스크롤을 움직이지 않은 상태에서 모든 정보를 볼 수 있도록 구성하는 것이 좋다.

전자우편 역시 업무용일 경우에는, 결론을 먼저 쓰는 두괄식 구성을 취하는 것이 좋다.

▶ 첨부 파일이 없는 메일

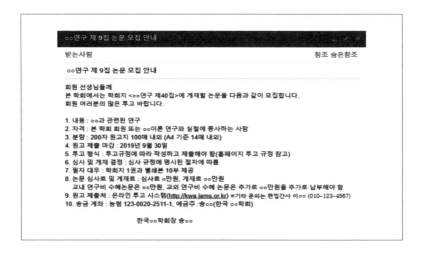

위의 메일은 학술지에 투고할 논문 모집을 위한 안내 메일로 본문 텍스트형이다. 제목에 내용이 잘 드러나 있으며, 특히 '안내'라는 문구를 넣어 정보의 유형을 표시하였다. 본문 구성은 한 화면 속에 필요한 정보를 모두 쓴 경우이다. 따로 첨부파일을 붙이지 않았으며, 일련번호를 붙여 정보 전달의 효율성을 높이고 있다. 또한 메일 문구의 작성은 편집 이사 또는 편집 간사가 하는 것이 관례이지만, 학회의 공식 업무 메일이기 때문에 발신자를 학회장으로 하였다.

▶ 첨부 파일이 있는 메일

국제한국어응용언어학회 (ISKAL) 제 11 회 국제 학술 대회 논문 발표 신청 안내

1) 국제 한국어응용언어학회 회원 여러분, 안녕하세요? 기해년 설 명절은 잘 지내셨는지요?
2) 올 한해도 ISKAL 회원 여러분들의 학문 연구와 교육 활동에도 큰 성과 있기를 기원하면서 회원 선생님들께 2019 년 7 월 18 일과 19일 양일간 개최하는 제 11 회 국제 학술 대회를 공지하고 참가 신청을 접수합니다 .

주제 : 유럽 지역 한국언어문화 연구와 교육의 실천 방법 모색 (가제)
일시 : 2019 년 7 월 18 일(목) ~ 19 일 (금)
장소 : 독일 베를린 한국문화원
주최 : 국제 한국어응용언어학회 (The International Society of Korean Applied Linguistics)

참가 신청 접수 : 2019 년 2 월 28 일 (목) 자정

E-mail: ickal2013@gmail.com

※보다 자세한 일정에 대한 안내와 참가 신청서를 첨부파일로 보내니 참고하기 바랍니다.

3) 회원님들 가정에 건강과 행복이 함께 하기를 기원합니다. 감사합니다.

ISKAL(국제 한국어응용언어학회) 제 11 회 국제 학술 대회 조직위원회 드림

첨부파일 2개

위의 메일은 학술 대회 안내 메일로, 전달할 내용이 많아 따로 첨부 파일을 붙여 작성한 경우이다. 그럼에도 불구하고 본문 텍스트의 내용을 한 스크롤을 넘지 않게 작성하는 등 세심한 배려가 엿보인다. 또한 본문 텍스트 아래에 학회 정보를 붙임으로써 수신자들의 편의를 도모하고 있다.

(3) 세 번째 단계 : 마무리 쓰기

마무리 인사는 공문의 '끝'에 해당한다. 전달할 내용을 모두 쓴 후에는 반드시 감사의 인사말과 함께 발신자에 대한 정보를 밝혀 적는다. 다만 시작 인사를 했을 경우에는 생략할 수 있다.

발신자를 적을 때는, 메일의 성격을 감안하여 밝혀 적는다. 예를 들어 통상적인 업무 내용에 대한 연락 메일이라면 발신을 담당자의 이름으로 하지만, 정례적인 행사 안내와 공문서 성격의 메일일 경우에는 연락처에 실무 담당자의 이름을 쓰고 발신자는 기관장의 명의로 한다. 위의 메일은 학회의 정례적인 업무인 논문 모집 안내메일이기 때문에 발신자는 학회장 명의로 하였다. 대신 업무의 효율을 위해 실무 담당자인 편집간사의 연락처를 밝혀 놓았다.

※ 전자우편 작성 시 주의사항

① 답장은 즉시 한다.

전자우편은 신속한 전달을 위한 도구이다. 메일을 받으면 가능한 빠른 시일 내에 답장을 보낸다. 업무 처리에 시간이 필요할 경우라고 하더라도 '메일을 잘았습니다. 검토 후 빠른 시일 내에 연락드리겠습니다.'와 같은 간단한 메일을 먼저 보내도록 한다.

② 전송 전에 내용 및 어문 규범을 점검한다.

내용을 전송하기 전에 내용을 충분히 검토하고, 어문 규범 준수 여부를 점검하도록 한다. 전자우편도 법적 근거가 되므로 주의를 기울여야 한다.

③ 본문의 내용이 한 스크롤을 넘지 않도록 한다.

본문 텍스트의 길이는 한 스크롤을 넘지 않게 작성하는 것이 좋다. 내용이 너무 복잡하여 길 경우에는 첨부 문서를 활용하도록 한다. 다만 첨부 문서를 함께 보내더라도 꼭 필요한 정보는 본문에 요약하는 것이 좋다.

④ 내용이 많을 경우 항목화하여 일련번호를 붙인다.

내용이 많을 경우 내용이 누락되지 않도록 일련번호를 붙여 정리하는 것이 좋다. 한편 항목화된 메일에 답장을 쓸 경우에는 각각의 항목에 회신을 적으면 정보 전달에 효과적이다.

⑤ 개인의 감정을 드러내는 어휘나 문구를 사용하지 않는다.

거래처의 직원이 사적으로 친분이 있을 경우에는 사적인 감정이 드러나는 경우가 있다. 공무로 메일을 보내는 경우에는 아무리 친한 사이라고 하더라도 공적인 태도를 취하는 것이 좋다.

⑥ 전송은 한 번에 끝내도록 한다.

내용을 누락하거나, 첨부파일을 빠뜨려서 다시 전송하는 일이 없도록 충분히 점검 후 한 번에 전송하도록 한다.

⑦ 수신 및 참조 사용에 신경을 쓴다.

단체 메일을 보낼 경우 이름을 노출하는 경우가 있는데, 이름이 노출되는 것을 싫어하는 경우가 있으니 주의할 필요가 있다. 특히 내용은 개인에게 보낸 것처럼 쓰고, 단체로 발송하는 일이 없도록 주의해야 한다. '비밀 참조'를 이용하거나 개인 신상에 관한 중요한 정보가 포함되어 있을 경우에는 반드시 개별 메일을 이용하도록 한다.

01 다음 전자우편의 문제점을 써보고, 좀 더 효과적으로 고쳐
보자.

▫ 제　목	9월 20일 회의 기록+ 다음 회의 안내입니다.

굴림 ▼　　▼ **B** *I* **U** S ×ₐ xˣ 三 三 三 三 三 三 律 律 ⊞ ⊞ ⬚ ⬚ ─ ∞ ▦ ▦ ◇

안녕하세요.
이번 프로젝트에 연구보조원으로 일을 돕게 된 이○○입니다.
앞으로 잘 부탁드리겠습니다. =)
오늘 첫 회의 내용 정리해서 보내드립니다. 한글 파일 확인해 주세요.
이와 함께 오늘 ○○○연구원에서 착수 보고서 발표 후에 수정된 보고서도 같이 보내드립니다.
초안에 있는 연구계획에서 상당부분 축소되었고요. 설문 문항 개발 쪽으로 더 초점화되었답니다.
날씨가 선선해지면서 하늘이 높아지고 있습니다.
오늘 회의 전에 선생님들의 분주한 일상에 대해 이야기하면서 일의 우선 순위에 대한 이야기를 나누었답니다.
건강에 대한 순위가 갈수록 뒤로 밀린다는 걱정을 했는데, 다들 건강 정말정말 조심하시고요.
활기찬 모습으로 2주 후에 뵙겠습니다.
참, 제 핸드폰은 010-2323-4728입니다.
혹시 회의 전에 부탁하실 일 있으시면 연락주세요.

그럼 줄입니다.

- 이○○ 드림.

제 6 장

업무 수행을 위한 말하기

1. 프레젠테이션하기

1) 프레젠테이션이란 무엇인가?

프레젠테이션이란 '문자나 영상 자료 등 시청각 자료를 이용하여 전달하고자 하는 내용을 구성하고, 구성한 자료를 기반으로 하여 정보를 상대방에게 전달하거나 설득하는 일련의 과정'을 말한다.

최근 들어 프레젠테이션 능력에 대한 사회의 요구가 많아지고 있다. 인터넷 취업포털 잡링크가 조사한 결과에 따르면, 기업들이 올 하반기에 가장 도입하고 싶은 면접 채용 방식으로 '프레젠테이션 면접'을 들었고, 조사 대상 기업의 20.1%가 새로운 방식으로 프레젠테이션 면접을 도입하고 싶다고 밝혔다.

공기업 및 공무원 채용 시험에서도 프레젠테이션 면접 방식이 도입될 예정이다. 중앙인사위원회(2007년 7월 12일)는 면접시험의 시간을 늘리고 실무과제를 추가하는 등의 내용을 담은 면접시험 강화방안을 발표했다. 특히 5급 개인면접 때는 '개인발표(프레젠테이션)'와 '실무과제'를 추가하기로 했다(서울신문 2007. 7. 13).

반면 구직자들은 프레젠테이션 면접이 제일 부담스럽다고 응답했다. 동아일보(2007. 8. 4)의 조사에 따르면 구직자 1,478명 중 30%가 가장 부담스러운 면접 방식으로 프레젠테이션 면접을 들었다. 이러한 부담은 대학을 갓 졸업한 사회 초년생 뿐 아니라 이미 사회생활을 한 사람들에게서도 나타나고 있다. 법무부는 공판중심주의 강화 등에 대비해 '2007 하반기 검사 특별 채용'에서 프레젠테이션 면접을 실시하기로 했는데, 지원자 수가 지난해 69명(58%)에서 40명으로 줄었다고 밝혔다. 법무부는 이러한 낮은 지원율에 대한 원인으로 새로 실시하기로 한 프레젠테이션 면접을 들었다(국민일보 2007. 6. 11).

기업체들이 프레젠테이션 면접을 선호하는 이유는 지원자의 지식과 표현 능력을 총체적으로 파악하기 좋은 수단이기 때문이다. 프레젠테이션은 지식 내용을 생성하고 조직해야 할 뿐 아니라 그러한 지식 내용을 효과적으로 전달하는 과정을 포함한다. 이러한 점 때문에 고비용 절차임에도 불구하고 기업들이 프레젠테이션 면접 방식을 선호하고 있다.

프레젠테이션 능력에 대한 요구는 기업체 뿐 아니라 예비 사회인인 대학생들에게서도 나타나고 있다. 조재윤(2004 : 99 - 100)은 대학생들을 대상으로 설문 조사를 한 바 있는데, 응답자의 98.5%가 '프레젠테이션 능력이 실생활에서 필요하다.'고 응답했다.

이러한 요구를 대학 당국도 인식하고 있는 듯하다. 예컨대 정규 교육과정은 아니지만 연세대는 2007년 1학기부터 '연세 취업역량 아카데미'에서 취업교육의 일환으로 프레젠테이션 교육을 실시한 바 있고, 이화여대도 올해 신입생을 대상으로 취업 관련 특강 프로그램을 실시하였다. 고려대, 서강대, 서울대 등도 마찬가지이다(문화일보 2007. 3. 6).

또한 프레젠테이션에 대한 관심은 대학 내 각종 행사에서도 잘 나타나고 있다. 한성대학교와 강원대학교가 그 예이다. 강원대학교는 취업 포털사이트 인크루트와 함께 프레젠테이션 경진 대회를 개최한 바 있고, 한성대학교는 올해(2020년)로 제 14회 한성인 프레젠테이션 대회를 개최하였다.

2) 프레젠테이션, 어떻게 할까?

'프레젠테이션하다'라고 말할 때는 보통 두 가지 과정을 포함한다. 하나는 발표할 내용을 문서로 작성하는 과정이고, 하나는 구성된 문서를 이용하여 음성언어로 발표하는 과정이다. 효과적인 프레젠테이션은 이 두 가지 과정이 적절하게 구성되어야 하며 서로 유기적으로 관련되어야 한다.

(1) 프레젠테이션을 위한 문서 작성[1]

① 3P분석하고 프레젠테이션 문서의 특징을 파악하라.

프레젠테이션 문서도 하나의 완결된 텍스트가 되기 위한 조건을 갖추어야 한다. 더불어 문서의 작성 전에 3P를 분석하고, 해당 P에 맞는

---

[1] 프레젠테이션 문서 작성에 대한 부분은 "글쓰기ing" 2부 1장과 "프레젠테이션으로 말하라"의 내용을 참조하였으며, 슬라이드는 "글쓰기ing"에 사용된 것을 용도에 맞게 수정하여 사용하였음을 밝혀둔다.

문서를 작성하는 것이 프레젠테이션 성공의 첫 단계라고 할 수 있다.

3P는 목적(Purpose), 청중(People), 장소(Place)를 의미한다. 프레젠테이션 문서는 특정한 목적을 달성하기 위해 특정한 청중을 대상으로 특정한 장소에서 발표를 목적으로 작성하는 것이다. 문서를 작성하기에 앞서 프레젠테이션의 목적을 분명하게 하고, 청중의 수준을 고려하여 어휘나 문장 표현 등을 선택하며, 장소를 고려하여 글자 크기와 색, 영상과 글의 비율 등을 고려해야 한다.

예컨대 정보전달을 목적으로 하는지 설득을 목적으로 하는지에 따라 해당 문서를 구성하는 순서가 달라져야 하며, 정보전달을 목적으로 하더라도 전문가 그룹을 청중으로 하는지 일반인을 대상으로 하는지에 따라 어휘 선택이 달라져야 한다. 또한 프레젠테이션을 할 장소의 규모나 특성에 따라서 글자의 크기나 동영상, 배경 화면의 색 등이 달라져야 할 것이다.

프레젠테이션 문서의 첫 번째 특징은 '보는 문서'라는 점이다. 대부분의 초보자들은 말하고자 하는 모든 내용을 문서에 넣고 해당 내용을 읽는 경향이 있다. 그런데 프레젠테이션 문서는 읽기 위한 문서가 아니라 보기 위한 문서이다. 발표자는 핵심 내용만 문서로 구성하고 구체적인 내용 설명은 음성언어로 전달해야 한다. 물론 이러한 방법으로 프레젠테이션을 하기 위해서는 발표자가 해당 내용을 충분히 소화해야 한다.

프레젠테이션 문서의 두 번째 특징은 슬라이드 구성 방식을 취한다는 점이다. 종이를 이용하는 일반 문서와 달리 프레젠테이션 문서는 전달하고자 하는 내용이 슬라이드로 구성된다. 하지만 각각의 슬라이드는 독립된 텍스트가 아니라 하나의 텍스트를 구성하기 위한 것이므로 각각의 슬라이드가 유기적으로 결합되어야 한다. 슬라이드 사이의 내용을 조정하고 전체 흐름을 잡기 위해 TV나 영화의 주요 장면을 그린 그림을 순서대로 붙이는 스토리보드(storyboard)를 이용하면 좋다.

프레젠테이션 문서의 세 번째 특징은 문자 이외에 그림이나 도표, 사진, 소리, 동영상 자료 등을 활용할 수 있다는 점이다. 종이 문서의 경우도 사진이나 도표를 활용할 수 있지만 동영상이나 소리 등을 활용하기는 어렵다. 하지만 프레젠테이션 문서는 이러한 자료의 활용이 용이하다. 보는 문서라는 점을 감안하여 시각적인 자료를 적극적으로 활용하는 것이 좋다.

② 하나의 슬라이드에는 하나의 메시지만 담아라.

하나의 슬라이드에는 하나의 메시지를 담는 것이 좋다. 슬라이드는 종이 문서의 문단과 유사하다. 하나의 슬라이드 내에서 내용이 보다 상위 범주로 묶이는 경우에는 상위 제목 아래 소제목을 달아 준다.

아래 슬라이드는 '증권 산업의 동향과 전망'이라는 상위 제목 아래 '기회와 위기가 공존하는 시기'라는 소제목을 달았다. 하나의 제목 아래 소제목이 많을 경우 숫자를 달아 관계를 표시하는 것도 좋은 방법이다.

▶ 소제목을 달아 메시지를 표시한 슬라이드

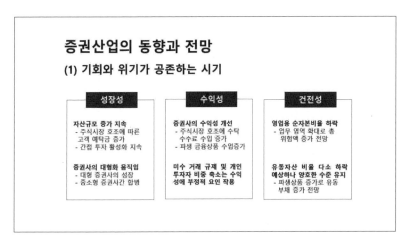

③ 중요한 내용과 그렇지 않은 내용에 강약 표시를 하라.

하나의 슬라이드 안에 들어갈 내용 중에서 중요한 부분은 다른 내용과 구분하여 잘 보이도록 표시하는 것이 좋다. 글자 크기, 색깔, 글자체를 이용하여 강약을 표시할 수 있다.

강약의 구분이 없는 슬라이드와 내용에 따라 강약을 표시한 슬라이드를 비교해 보자.

▶ 강약의 구분이 없는 슬라이드

한미 FTA 금융 협상의 예상 효과

우리나라 금융기관의 미국진출 확대 가능성
- 주 법에 규정된 차별적 규제들에 영향을 주지 못하는 한 큰 효과를
  기대하기 어려움

우리나라 금융 산업의 변화
- 선진 금융기법 습득 및 금융 시스템 선진화의 계기
- 은행업보다는 보험업 및 자산운용업에서 외국 금융회사와의 경쟁이
  심화될 가능성이 큼

긍정적 효과를 극대화하기 위해서는 소비자 보호, 금융 불안정성 예방 등을 위
한 보완책 마련 및 규제감독체계의 정비가 수반되어야 할 것으로 보임

▶ 강약을 구분 표시한 슬라이드

한미 FTA 금융 협상의 예상 효과

우리나라 금융기관의 미국진출 확대 가능성
- 주 법에 규정된 차별적 규제들에 영향을 주지 못하는 한 큰 효과를
  기대하기 어려움

우리나라 금융 산업의 변화
- 선진 금융기법 습득 및 금융 시스템 선진화의 계기
- 은행업보다는 보험업 및 자산운용업에서 외국 금융회사와의 경쟁이
  심화될 가능성이 큼

**긍정적 효과를 극대화하기 위해서는 소비자 보호,
금융 불안정성 예방 등을 위한 보완책 마련 및
규제감독체계의 정비가 수반되어야 할 것**

④ 도형을 이용하여 시선을 유도하라.

　슬라이드에 핵심 내용만 쓰다 보면 내용의 흐름을 알기 어려운 경우가 있다. 그럴 경우 내용의 흐름을 화살표나 흐름도 표시 도형 등을 이용해 표현하면 효과적이다.

▶ 내용의 흐름을 도형으로 시선을 유도한 슬라이드

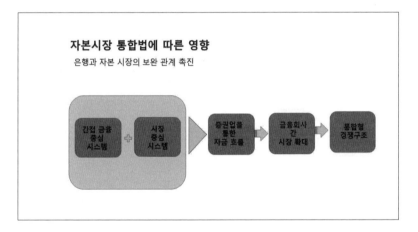

⑤ 전체 슬라이드는 통일감을 유지하되, 내용에 따라 구분 표시를 하라.

프레젠테이션은 슬라이드를 이용하여 내용을 전달하게 되는데, 이들은 하나의 완결된 내용을 위한 각각의 구성 요소에 해당한다. 그래서 각각의 슬라이드가 서로 유기적으로 관련된 슬라이드임을 드러내야 하며, 내용 간의 관련성 정도에 따라 내부에 구획을 둘 필요가 있다. 종이 문서의 경우 계층 구조를 보이기 위해 번호를 붙이는데 프레젠테이션은 화면 구성으로 이러한 구분 표시를 하는 것이 좋다. 통일감은 색깔, 글자체 등을 이용하여 유지할 수 있고, 흐름은 화면 구성 방법을 이용하는 것이 효과적이다.

⑥ 판독성을 고려하라.

프레젠테이션은 '읽는 문서'가 아니라 '보는 문서'이기 때문에 판독성을 고려해야 한다. 아래 내용은 하나의 슬라이드 속에 너무 많은 내용을 서술식으로 써서 판독하기가 어렵다. 하나의 슬라이드에는 하나의 메시지를 담아야 할 뿐 아니라, 슬라이드에는 핵심 내용만 담고, 구체적인 설명은 말로 하는 것이 좋다.

▶ 판독하기 힘든 슬라이드

저출산의 원인 및 대책

첫째, 높은 교육비와 주거비를 들 수 있다. 이를
해결하기 위해 세 자녀 이상의 경우, 교육비를 지원하고,
주택을 우선적으로 공급하는 방안을 마련할 필요가
있다.
둘째, 불안한 미래를 들 수 있다. 장기불황으로 인한
실업과 비정년 노동자가 증가하면서 미래가 불안해지고
있다. 이를 해결하기 위해서 정부는 경기부양책 등 좀 더
분명함 미래를 제시해야 하며, 비정년 노동자를 위한
복지 방안도 마련할 필요가 있다.
셋째, 만혼을 들 수 있다. 경쟁이 치열해지고
자아성취욕이 높아지면서 결혼을 늦게 하는 경향이
있다. 이를 해결하기 위해 국가적 차원의 육아 대책을
마련해야 할 필요가 있다.

위의 슬라이드는 판독성과 고려하여 다음과 같이 구성하는 것이 좋
다. 원인이 세 개이기 때문에 '원인과 대책 1'과 같이 각각의 원인과 대
책을 보여주는 것이 좋다.

▶ 판독성을 고려한 슬라이드

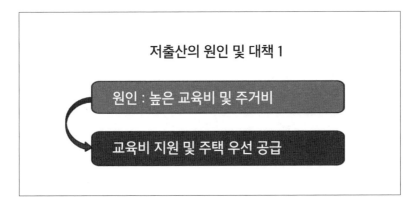

⑦ 그래프 등 영상 비주얼을 이용하라.

내용의 성격에 따라 표나 그래프 등 영상비주얼을 이용하는 것이 좋다. 특히 설명해야 할 내용이 많고 몇 가지 유형을 비교해야 할 필요가 있을 때 표나 그래프를 사용하면 좋다.

▶ 서술형으로 제시한 경우

- 한국고용정보원(원장 정인수)은 '08년 5월부터 11월까지 우리나라 608개 직업에 종사하는 약 2만1,700명을 대상으로 실시한 재직자 조사 결과를 활용, 연봉 4,000만원 이상의 고임금 종사자와 연봉 2,000만원 이하의 저임금 종사자 간에 업무능력과 특성, 흥미유형 등에서 어떠한 차이가 있는지를 분석했다.

- 업무능력 측면에서 고임금 종사자는 저임금 종사자에 비해 '듣고 이해하기' '읽고 이해하기' '글쓰기' 등 의사소통능력이 상대적으로 높게 나왔다.

- 7점 척도를 활용해 임금을 결정하는데 영향력이 큰 44개 업무능력에 대한 중요도를 조사해 고임금 종사자와 저임금 종사자의 점수 차이를 분석한 결과, 고임금 종사자는 '듣고 이해하기'에서 평균 5.05점을 얻어 저임금 종사자 평균(4.14점)보다 0.91점이 높았다.

- 7점 척도에서는 점수가 높을수록 해당 능력을 많이 요구한다는 뜻이며, 특정 업무능력에서 고임금 종사자와 저임금 종사자의 점수 차이가 크면 해당 능력의 중요도에 대한 인식차이가 그만큼 크다는 의미다.

- '읽고 이해하기' 능력 역시 고임금 종사자는 5.1점인데 비해 저임금 종사자는 4.19점으로 0.91점의 차이가 났으며, '글쓰기' 능력에서는 고임금 종사자(4.72점)와 저임금 종사자(3.92점)의 중요도 점수 차이가 0.8점이 났다.

- '이밖에 '수리력' '기술분석' '범주화' '조직체계의 분석 및 평가' 능력도 고임금 종사자와 저임금 종사자간에 점수 차이가 많이 나, 많은 임금을 받을 수 있는 중요한 능력으로 확인됐다.

- 출처 : 한국고용정보원 보도자료, 2009. 5. 배포

▶ 표로 제시한 경우

<표> 임금이 높은 종사자와 임금이 낮은 종사자간의 능력 차이　　　(단위 : 7점 척도)

업무 능력	설명	저임금 평균*	고임금 평균*	차이 점수	순위 **
듣고 이해하기	다른 사람들이 말하는 것을 집중해서 듣고 상대방이 말하려는 요점을 이해하거나 적절한 질문을 한다	4.14	5.05	0.91	1
읽고 이해하기	업무와 관련된 문서를 읽고 이해한다	4.19	5.1	0.91	2
글쓰기	글을 통해서 다른 사람과 효과적으로 의사소통 한다	3.92	4.72	0.8	3
수리력	어떤 문제를 해결하기 위해 수학을 사용한다	4.07	4.77	0.7	4
문제해결	문제의 본질을 파악하여 해결방법을 찾고 이를 시행한다	4.13	4.82	0.69	5
판단과 의사결정	이득과 손실을 평가해서 결정을 내린다	3.91	4.6	0.69	6
기술분석	새로운 방법을 고안하고 기존의 방법을 개선하기 위해서 현재 사용되는 도구와 기술을 분석한다	4.08	4.76	0.68	7
논리적 분석	문제를 해결하기 위해(혹은 의사결정을 하기 위해) 체계적으로 이치에 맞는 생각을 해낸다	4.22	4.89	0.67	8
범주화	기준이나 법칙을 정하고 그에 따라 사물이나 행위를 분류한다	3.76	4.41	0.65	9
조직체계의 분석 및 평가	환경이나 조건의 변화가 조직의 체계, 구성, 방식에 어떤 영향을 미칠지 분석하고, 시스템의 효율성을 평가한다	3.7	4.32	0.62	10

- 출처 : 한국고용정보원 보도자료, 2009. 5. 배포

▶ 그래프로 제시한 경우

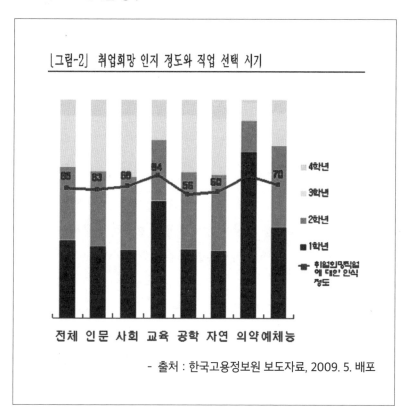

[그림-2] 취업희망 인지 정도와 직업 선택 시기

- 출처 : 한국고용정보원 보도자료, 2009. 5. 배포

⑧ 그림과 글을 적절하게 구성하라.

프레젠테이션 문서에 사용하는 그림은 전달하고자 하는 내용을 뒷
받침할 수 있는 것이어야 한다.

다만, 그림이나 사진은 메시지의 내용을 효과적으로 드러낼 수 있
는, 즉 메시지의 내용에 부합하는 그림이나 사진이어야 한다.

간혹, 그저 자신이 좋아하는 연예인의 사진이나 그림 등을 배경으로 사용하는 경우가 있는데, 이는 적절하지 않다. 메시지를 전달하는데 기여하지 못하는 그림이나 사진 등은 사용하지 않는 것이 좋다.

(2) 발표하기[2)]

① 도입하기

도입은 본격적인 내용 전달에 앞서 내용을 효율적 전달하기 위해 청중들이 내용을 들을 준비를 하도록 도와주는 단계이다.

◆ 청중의 호감을 얻어라

도입 단계에서 발표자가 해야 할 첫 번째 과제는 청중의 호감을 얻는 것이다. 프레젠테이션의 도입은 사람의 첫인상에 비유할 수 있다. 사람과 사람의 만남에서 첫인상은 매우 중요하다. 심리학자들은 사람들이 어떤 사람을 평가할 때, 그 사람의 지적인 능력이나 활동보다는 첫인상에 대한 견해, 즉 성격이 좋다, 나쁘다, 급하다, 느리다 등 심리적인 기준이 중요한 역할을 한다고 한다(최기종 2006 : 41). 그래서 발표자는 표정, 인사하기, 청중에 대한 태도 등 첫인상에 영향을 줄 수 있는

---

2) 프레젠테이션 내용의 발표 단계와 프레젠테이션의 표현 요소 부분은 "화법 연구 11"에 실린 '효과적인 프레젠테이션의 조건 및 평가에 대한 고찰' 중 조건 부분의 내용을 약간 수정하여 실었음을 밝혀둔다.

행동에 신경을 써야 한다.

◆ 발표 내용에 대해 청중의 관심을 유발하라

도입 단계에서 발표자가 해야 할 두 번째 과제는 청중의 관심을 유발하는 것이다. 관심 유발은 두 가지 측면에서 생각할 수 있다. 하나는 청중이 내용 자체에 대해 흥미가 있는 경우이고, 다른 하나는 흥미가 없는 경우이다. 전자의 경우는 청중이 발표 주제에 대해 이미 관심을 갖고 있기 때문에 따로 관심 유발에 공을 들이지 않아도 된다. 하지만 후자의 경우는 내용 전개에 앞서, 반드시 청중의 관심을 유발시킬 필요가 있다.

※ 청중의 관심을 유발하는 방법

• 발표하고자 하는 주제를 청중들과 관련시켜라.

　　사람들은 자신의 일에 관심이 많다. 어떤 일이 자신과 직접적으로 관련된 일이라면 관심을 갖게 된다. 그러므로 발표자는 청중들이 왜 이러한 발표 주제에 관심을 가져야 하는지, 또는 이러한 발표 주제를 아는 것이 청중들에게 어떤 이익이 되는지를 알려 주는 것이 효과적이다. 예를 들어 학생들에게 '갑종근로 소득세의 절세 방법'에 대해 설명하는 프레젠테이션을 하는 경우를 생각해 보자. 현재 소득이 없는 학생들이 이러한 문제에 관심을 갖기란 쉬운 일이 아니다. 미래에 여러분도 갑종근로 소득세를 내야 한다고 말할 수 있다. 하지만 이 역시 미래의 문제이기 때문에 현재의 동기로는 약하다. 하지만 부모님의 세금에 관심을 가져야 하는 이유를 학생들이 부모로부터 받는 용돈의 변화 가능성과 결부시킨다면, 지금 당장 자신의 용돈과 관련되는 문제이므로 좀 더 관심을 가질 것이다.

• 경험담이나 사례를 이용하라.

　　사람들은 다른 사람의 경험담을 듣는 것을 좋아한다. 이는 경험담이 이야기 구조를 이루고 있을 뿐 아니라, 현실감이 있기 때문이다. 발표자가 도입에 이용한 경험이 청중들이 이미 경험한 경우라면 좀 더 쉽게 관심을 불러일으킬 것이며, 아직 겪지 않았다 하더라도 언제가 겪을 수 있다고 생각하기 때문에 그 또한 관심을 갖게 될 것이다.

• 청중들에게 질문하며 시작하라.

　　질문은 생각을 유도한다. 사람은 누구나 질문을 받으면 그 질문에 대해 답을 해야 한다는 생각 때문에 문제를 해결하기 위해 적극적으로 생각하게 된다. 즉 그 주제와 관련된 지식을 적극적으로 활성화하게 되는 것이다. 활성화되었다는 것은 이미 그러한 문제에 접근했다는 것을 의미한다. 청소년들을 대상으로 하는 과학 서적의 제목들은 대체로 질문형으로 되어 있는데, 이는 독자들의 관심을 유발하기 위한 장치라고 할 수 있다.

• 시사성 있는 내용을 이용하라.

어떤 주제가 이슈화되어 있다면 그 주제는 이미 많은 사람들에게 관심거리가 되었다는 것을 의미한다. 그러므로 이슈화된 주제라면 쉽게 사람들의 관심을 유도할 수 있다.

• 유명 인사의 말이나 주제와 관련 있는 인용구 등으로 시작하라.

유명 인사의 말이나 주제와 관련된 인용구 등을 이용하는 것도 좋은 방법이다. 다만 이러한 말이나 인용구는 청중들도 알고 있어야 효과가 있다. 그러므로 인용구를 사용하고자 할 때는 청중의 수준에 맞는 인용구인지를 판단해야 한다.

• 가벼운 유머로 시작하라.

도입에서 유머를 이용하는 것은 어색하고 경직된 분위기를 해소할 수 있는 좋은 방법이다. 다만 발표 주제와 관련이 있어야 하고, 지나치게 길지 않아야 하며 내용이 상황에 적절하게 맞아야 한다. 중요한 것은 상황을 판단하는 것이다. 신상품 설명 프레젠테이션이라면 유머를 사용하는 것이 적절할 수 있지만, 회사를 청산하면서 향후 방향에 대해 프레젠테이션을 하는 과정이라면 아무리 관련이 있는 유머라고 하더라도 긍정적 효과를 내기는 어려울 것이다. 그러므로 상황에 맞지 않거나 상황 파악이 제대로 되지 않은 경우라면 차라리 유머를 사용하지 않는 것이 좋다.

◆ 프레젠테이션의 목적을 분명히 전달하라

도입에서 해야 할 세 번째 과제는 프레젠테이션의 목적을 분명하게 제시하는 것이다. 발표자는 자신이 하고자 하는 프레젠테이션을 통해 달성하고자 하는 바를 분명하게 인식하고 있어야 하며, 그러한 인식을 청중들에게 분명하게 제시해야 한다. 도입 과정에서 주제와 목적을 알리는 것은 청중에게 친근감과 흥미, 호기심을 유발시키면서 내용을 끝까지 들을 수 있는 분위기를 조성하기 위한 것이다(이주행 2004 : 440).

◆ 프레젠테이션의 전체 틀을 제시하라

도입에서 해야 할 마지막 과제는 프레젠테이션에 대한 전체 틀을 제시하는 것이다. 전체 틀을 제시하는 것은 구체적인 나무를 보기 전에 전체 숲의 모습을 보여주는 것과 같다. 그냥 말로 흐름을 제시할 수도 있지만, 목차를 이용하면 효과적이다. 전체 흐름을 제시할 때는 요약한다는 느낌이 들 정도로 간략하게 제시하는 것이 좋다. 전체 틀을 제시하게 되면 청중들은 들을 내용과 관련하여 자신이 알고 있는 바를 미리 활성화하기 때문에 내용에 대한 이해력을 높일 수 있다.

② 발표의 두 번째 단계 - 전개하기

전개는 본격적인 내용을 전달하는 단계로, 프레젠테이션의 궁극적인 목적이 달성되어야 하는 부분이다. 도입을 통해 청중들의 관심을 유발하고 집중하게 하는 것은 전달하고자 하는 핵심 내용을 좀 더 효과적으로 전달하기 위해서이다. 아무리 좋은 도입으로 관심을 유발하고 집중하게 했더라도 본 내용을 전개하는 과정이 실패하게 되면 프레젠테이션의 목적이 달성되었다고 보기 어렵다.

◆ 전문용어는 풀어서 충분히 설명하라

대체로 프레젠테이션의 발표자는 전문가이고 청중은 비전문가인 경우가 많다. 그래서 프레젠테이션을 하는 과정에서 발표자는 자신이 속한 전문가들이나 알아들을 수 있는 전문용어를 무의식 중에 사용하게 되는데, 그럴 경우 내용이 충분히 전달되지 못한다. 또한 청중은 자신이 배려 받고 있다는 느낌을 받지 못한다. 이러한 느낌은 전체적인 호감도에 영향을 미치게 되어 좋은 평가를 받기 어렵게 된다. 전문용어를 사용할 경우에는 반드시 풀어서 설명해 주어야 하며, 관념적이고 추상적인 내용은 구체적인 사례를 들어 설명하는 것이 좋다.

◆ 보조 자료와 음성언어를 적절하게 통합하라

프레젠테이션은 다른 말하기에 비해 보조 자료의 이용 정도가 높다는 것이 특징이다. 시청각 자료는 청중들의 정보기억 능력을 20% 정도 향상시킨다고 한다(Boone, Louis E., Block, Judy R. and Kurts David L. 1994/ 황혜진·조계숙 1998 : 129 재인용). 즉 시각과 청각 자료로 적절하게 통합할 때 전달 효과가 가장 높다는 것인데, 그렇다면 언제 통합하는 것이 가장 효과적일까? 시각 정보와 청각 정보가 통합되는 시기는 전달 내용에 따라 다를 수는 있지만, 대체로 청각 정보인 음성언어가 먼저 제시되고 시각 정보인 슬라이드가 나중에 제시되는 것이 좋다. 주지하다시피 사람들은 화면을 응시하고 있기 때문에 새로운 정보가 제시되면, 발표자의 음성언어보다 화면에 집중하게 된다. 그렇게 되면 감각이 분산되기 때문에 발표자의 음성언어에 대한 집중도가 낮아지게 된다. 그러므로 간략하게 음성언어로 먼저 제시될 내용에 대해 언급하고, 해당 시각 정보를 제시한 후에 다시 음성언어로 해석하여 전달하는 것이 좋다. 물론 통계 자료와 같이 슬라이드를 보면서 전달해야 하는 경우라면 청각 정보와 시각 정보가 거의 동시에 제공되는 것이 효과적일 수 있다.

> ## ※ 자료 유형에 따른 기억 지속 시간
>
> 사람들은 말로만 전달한 경우 3시간 후 70%을, 3일 후는 10%만 기억하고, 시각 자료만으로 전달한 경우 3시간 후 72%를, 3일 후 20%를 기억한 반면, 말과 시각 자료를 동시에 이용한 경우 3시간 후 85%를, 3일 후는 65%를 기억한다고 한다(페터 우르스 벤더, 2000 : 148).

♦ 문서 구성은 핵심만, 설명은 음성언어로 하라

미숙한 발표자들의 전형적인 모습은 슬라이드나 메모지를 보고 읽는다는 점이다. 읽는다는 것은 말하는 것과 다르다. 말하기는 화자와 청자의 즉각적인 피드백이 가능한 행위이다. 그런데 청중의 반응을 살피지 않고서는 피드백이 불가능하다. 프레젠테이션에서 시각 정보와 청각 정보, 즉 슬라이드와 발표자의 음성언어 통합은 '타이밍'도 중요하지만 '통합의 정도'도 매우 중요하다. 시각 정보로 제시되는 것은 핵심 정보여야 하며, 핵심 정보에 대한 구체적인 정보는 말로 풀어서 전달해야 효과적이다. 제시된 그림과 도표 등 모든 시각적 정보는 말하기의 보조 자료일 뿐이다. 중요한 정보일수록 시각 정보의 도움을 받아 발표자가 말로 풀어 전달하는 것이 효과적이다.

③ 발표의 세 번째 단계 - 마무리하기

♦ 인상적이되, 짧게 하라

대체로 사람들은 내용 전개가 끝날 때쯤이면, 프레젠테이션이 끝났다고 예상하게 된다. 그런데 예상을 뒤엎고 너무 길게 진행되면 지루하게 느낀다. 그러므로 마무리는 인상적이되 짧게 하는 것이 효과적이다. 마무리는 프레젠테이션 내용을 간략하게 정리하고 내용과 관련된 간단한 제안을 하는 것으로 구성하는 것이 좋다. 마무리에서 전개 내용을 구체적으로 다시 말하는 경우가 있는데 이는 좋지 않다. 도입과 마무리는 각각 전체 시간의 10% 범위 내가 좋다.

♦ 이성에 호소하지 말고 감성에 호소하라

마무리는 이성적이거나 논리적으로 하지 말고 감성적으로 하는 것이 좋다(김경태 2006 : 223). 논리적이고 이성적인 프레젠테이션은 내용 전개에서 모두 끝내야 한다. 마무리에서 논리적인 설명을 하는 것은 너무 늦은 감이 있다. 마지막 순간은 여운과 감동이 남도록 인상적이되, 짧게 하는 것이 좋다. 내용과 관련된 인상적인 이미지 화면이나 인용구 등을 이용하는 것도 좋은 방법이다.

3) 프레젠테이션의 표현 기법 어떻게 할까?

(1) 언어적 요소

언어적 요소는 메시지 전달의 중요한 요소이다. '프레젠테이션을 구성하는 데 있어 가장 중요하다고 생각되는 요소가 무엇이라고 생각하는가?'라는 질문을 하였는데, 조사 대상자들은 '내용(52.6%), 시청각 자료(28.9%), 음성전달 능력(15.8%), 언어외적 요소(2.6%)' 순이라고 답변했다(황혜진·조계숙 2006 : 132). 이 중 내용과 음성전달 부분은 전형적인 언어적 요소인데, 프레젠테이션 구성의 70%에 해당한다.

♦ 표준 발음으로 발표하라

발음은 언어적 요소 중 사람들이 가장 중요하다고 생각하는 것으로 나타났다. 신지영(2007 : 15-51)은 평가 집단을 대상으로 말하기 평가에서 평가 항목에 대해 언급한 횟수를 조사한 바 있는데, 평가 항목 중에서 발음에 대한 언급이 가장 많게 나타났다. 특히 단점에 대한 언급 항목 중 가장 많은 언급을 받은 항목이 발음으로 나타났다. 이는 사람들이 발표에서 발음을 중요하게 생각한다는 것을 보여준다. 한편 손세모돌(2002 : 189)은 발표에서의 부차 언어를 조사한 바 있는데, 조사 대상 학생의 1/4 정도가 발음에 문제가 있는 것으로 조사되었다. 발음 불량에는 발음이 전반적으로 정확하지 않는 경우, 말끝을 우물거려 발음이 야무지게 끝맺어지지 못하는 경우, 이중모음 발음이 심하게 불량한 경우, 입을 작게 벌려 발음이 제대로 되지 않는 경우 등이 있었다. 이러한 불명확한 발음은 청중들의 집중도와 이해도를 떨어뜨리는 요인이 되는데, 발음이 내용 전달에 영향을 미친다고 생각하느냐는 질문에 남녀 98%가 그렇다는 응답을 보인 점에서도 확인된다(손세모돌 : 189- 207). 다행스러운 것은 이러한 현상들은 대체로 말습관과 관련된 것들이기 때문에 훈련에 의해 교정이 가능하다는 것이다.

◆ 화제의 난이도와 중요도를 고려하여 속도를 정하라

말의 속도는 화제의 난이도와 중요도에 비례하여 결정하는 것이 좋다. 느린 속도는 내용을 보다 정확하게 전달할 수 있고, 빠른 속도는 청자로 하여금 지루하지 않고 긴박감을 갖게 하는 나름의 장점이 있지만, 한 가지 속도로 시종일관 말하는 것은 좋지 않다(윤희원 역, 1995 : 209). 청중이 아는 내용이거나 다소 친밀한 주제일 경우에는 다소 빨라도 괜찮으나, 내용이 친숙하지 않거나 어려운 내용일 경우에는 다소 느리게 하는 것이 효과적이다. 또한 말의 속도는 청중의 나이나 수준 등도 고려할 필요가 있다. 대체로 20대는 다소 빠른 말을 선호한 반면, 나이가 들수록 다소 느린 말을 선호하는 경향이 있다.

발음과 속도 이외에 말의 높낮이와 크기 등도 중요한 언어적 요소이다. 말의 높낮이가 일정하면 지루하다고 느낄 수 있으며, 높낮이가 너무 자주 바뀌면 산만해 보일 수 있다. 높낮이는 문장 수준과 어휘 수준에서 동시에 고려해야 한다. 핵심 내용과 부차적인 내용을, 중요한 어휘와 부수적인 어휘를 구별하여 조절하는 것이 좋다. 목소리의 크기는 장소에 따라, 또는 청중의 수에 따라, 그리고 마이크의 사용 여부에 따라 달라져야 할 것이다.

♦ 공식적이되, 자연스러운 말투를 사용하라

말투는 공식적이되 자연스러운 말투가 좋다. 때로 공식적인 상황이라는 점을 지나치게 의식하여 다소 부자연스러운 말투를 사용하는 경우가 있는데, 학습자들에게 모든 말하기는 자연스러움이 생명이라는 것을 주지시킬 필요가 있다. 또한 상황에 적절한 어휘를 사용하고, 비어나 속어 등을 사용하지 않아야 한다. 특정한 간투사의 빈번한 사용이나 부적절한 쉼 등도 주의해야 할 점이다. 사람마다 '예', '음', '이제' 등과 같은 간투사를 반복해서 사용하거나 말을 시작할 때 숨을 크게 들이쉬는 등 특정한 말습관이 그대로 노출되는 수가 있다. 말은 습관이기 때문에 이러한 말습관이 쉽게 고쳐지는 것은 아니다. 하지만 공식적인 말하기에서 이러한 말습관은 좋은 평가를 받기 어렵다.

연령과 학력에 따라 선호하는 말투가 다를 수 있다는 연구 결과가 발표 되어 흥미롭다. 신지영(2007 : 22-23)은 평가집단을 대학 재학, 석사 과 정, 석사 졸업, 박사 졸업 등 네 집단으로 나누어 동일 집단을 평가하는 실 험을 하였는데, 조사 결과 박사 졸업 이상이 다른 집단에 비해 비교적 격 식적인 말투를 선호하고, 상냥한 말투를 선호하지 않는 것으로 조사되었 다. 좀 더 일반성을 확보하기 위해서는 연령과 학력을 구분하고 표본의 수 를 높여 일반화된 평가 성향을 추출할 필요가 있기는 하지만 이러한 연구 결과는 말투의 선택에서 청중 요소의 특성을 고려할 필요가 있음을 시사 한다.

◆ 어조는 공손하고 차분하게 하되, 내용을 고려하라

어조는 공손하고 차분하게 하는 것이 좋지만, 내용에 따라 다소 달 라질 필요가 있다. 예컨대 어떤 지식이나 개념 등 중립적인 내용을 전 달하는 경우라면 차분하게 설명하는 것이 좋겠지만, 자신의 주장을 강 하게 드러내는 내용이라면 다소 강한 어조로 말하는 것이 효과적일 것 이다.

(2) 비언어적 요소

의사 전달의 35%만이 음성언어 메시지로 이루어지고 나머지 65%
는 음성언어가 아닌 어조, 몸짓, 자세, 복장 등 비언어적 요소에 의해
전달되며, 얼굴 표정만으로도 55%의 메시지를 전달할 수 있다고 한다
(Raymond S. Ross, 1986 : 52/이석주 2000 : 66 재인용). 물론 의사소통의 효율성은
언어적 요소나 비언어적 요소만이 아닌 언어적 요소와 비언어적 요소
가 적절하게 혼합되었을 때 더욱 더 높아진다. 그렇다고 하더라도 의
사소통에서 비언어적 요소의 역할이 매우 높은 비중을 차지한다는 데
에는 이견이 없을 것이다.

비언어적 요소는 의사 전달에 대한 의도의 유무에 따라 신체 반응과
신체 언어로 나눌 수 있다. 신체 반응은 발표자의 의도와 상관없이 나
타나는 신체의 변화를 말한다. 의사소통에서 신체 반응이 중요한 이유
는 말하는 사람의 심적 상태나 의도 등을 무의식적으로 반영하고 있기
때문이다. 인간의 감각 요소와 동작 등은 다분히 무의식적으로 반응한
다. 좋아하는 사람을 바라볼 때 동공의 반응과 싫어하는 사람을 바라
볼 때 동공의 반응이 다르며, 좋아하는 사람이 손을 잡을 때와 싫어하
는 사람이 손을 잡을 때 신체 변화가 다르다. 또 위험한 물질이 공격하
면 눈을 감거나 순간적으로 손을 드는 등 본능적으로 반응한다. 즉 신
체 반응은 무의식적으로 일어나는 신체의 움직임인 것이다.

신체 언어는 말하는 사람이 특정한 의도를 가지고 자신의 신체 일부
를 적극적으로 사용한 것이다. 예를 들어 좋아한다는 음성언어와 동시
에 상대를 그윽하게 바라본다든지, 자신의 신념을 좀 더 잘 드러내기
위해 어깨를 펴고 당당하게 선다든지, 화가 났다는 것을 전달하기 위

해 굳은 표정을 짓는다든지 하는 행위이다.

그런데 말하는 사람의 측면에서, 즉 의도성의 측면에서는 이 둘이 분명하게 구분되지만, 청자의 측면, 즉 해석하는 측면에서는 분명하게 구분되지 않는다. 설사 구분된다 하더라도 청자의 입장에서는 그러한 행위 속에 들어 있는 진실을 보려하기 때문에 구분 자체가 별 의미가 없다. 비언어적 요소를 교육할 때는 학습자들에게 이러한 점을 충분히 주지시키고 활용할 수 있도록 교육할 필요가 있다. 신체 언어는 효과적으로 사용할 수 있도록, 신체 반응은 좋은 평가를 얻을 수 없는 반응이라면 통제하도록 지도해야 할 것이다.

◆ 표정은 내용을 고려하라

표정은 전달하고자 하는 내용에 따라 다양하게 바꾸는 것이 좋다. 밝고 긍정적인 내용을 전달할 때는 밝은 표정을 짓고, 심각한 내용을 전달할 때는 냉정하고 침착한 표정을 지을 필요가 있다. 슬프거나 심각한 내용을 전달하면서 웃는 표정으로 전달하게 되면 진실성이 결여되어 보이며, 긍정적인 내용을 전달하면서 우울한 표정을 지으면 열정이 부족해 보인다.

그런데 주제가 심각하다고 시종일관 심각한 표정을 짓는 것은 좋지 않다. 사람들은 웃는 얼굴에는 호감을 갖지만 어둡고 찡그린 얼굴은 좋아하지 않는다. 그래서 시종일관 심각한 표정을 짓는다면 전달 내용과 상관없이 화자 자체에 대한 호감이 떨어질 수 있다.

♦ 청중들과 시선을 맞추어라

시선은 발표자가 청중과 적극적으로 커뮤니케이션을 하겠다는 의지를 반영한다. 시선은 청중에게 발표자의 마음을 전달하는 통로이며, 동시에 청중의 마음 상태를 전달해 주는 중요한 쌍방향 매체라고 할 수 있다. 그래서 시선은 일방적이어서는 안되고, 청중의 시선을 받는 것도 중요하다. 가장 바람직한 것은 청중을 개인 대 개인의 느낌으로 바라보는 것이다. 사람은 누군가 자신에게만 이야기하고 있다고 느낄 때 좀 더 많은 관심과 집중을 보인다.

하지만 지나치게 강렬하게 보거나 한 사람을 너무 자주 보거나 오래 시선이 머물지 않도록 주의해야 한다. 김경태(2006 : 231)는 하나의 메시지를 마칠 때까지 한 사람에게 눈맞춤을 유지하라고 한다. 너무 자주 눈맞춤 대상을 옮기면 청중의 반응을 살필 수 없을 뿐 아니라, 청중과 연결되지도 않는다고 한다. 바라볼 때는 부드럽고 따뜻하게 바라보되, 상대가 부담을 느끼지 않을 정도의 따뜻함이어야 한다.

한편 청중과 거리가 너무 멀거나 청중의 수가 많아서 개별적인 느낌으로 눈맞춤을 하기 어려운 경우에는 청중석을 4등분 한 후, 한 그룹에 한명 씩 정해 놓고 시선을 주는 것이 효과적이다(진 젤라즈니 2006 : 143). 물론 다시 반복해서 시선을 줄 경우에는 그 그룹 내의 다른 청중에게 시선을 주는 것이 좋을 것이다. 이 방법은 발표자와 청중 사이에 어느 정도의 거리가 있거나 청중의 수가 너무 많아 어느 한 둘과 시선을 맞추기 어려울 경우에 이용하면 좋다. 하지만 청중이 발표자의 시선을 느낄 수 있을 정도의 거리라면 개별적인 눈맞춤을 하는 것이 더 좋다. 결론적으로 말해 모든 청중으로 하여금 발표자가 자기만 보고 이야기한다는 느낌을 만들어 주는 것이 좋다(김경태 2006 : 232).

♦ 균형을 잡고, 편안하게 서서 말하라

자세는 자연스럽게 하는 것이 좋다. 그런데 자연스럽다는 것이 말은 쉽지만 실제로는 쉽지 않다. 다리는 벌리는 것이 좋은지, 차렷 자세를 취하는 것이 좋은지, 손 모양은 어떻게 해야 하는지, 또 손의 위치는 어디가 좋은지, 몸은 어디를 향하는 것이 좋은지 등 쉽지 않다. 다리는 차렷 자세보다 약간 벌리는 것이 좋다. 차렷 자세를 취하다 보면 몸이 흔들거릴 수 있다. 다리를 자신의 어깨 넓이 정도로 벌려 양 다리에 힘을 주는 것이 좋다. 손은 편안하게 떨어뜨린다. 메모지를 잡고 있는 경우에는 한 손에 또는 두 손에 메모지를 쥔 상태에서 핵심 내용을 보면서 하는 것도 좋은 방법이다. 이 때 메모지가 너무 크거나 너무 작지 않은 것이 좋다. 너무 작으면 글씨가 작아 보기 힘들고, 너무 크면 종이가 한 손에 잡히지 않거나 흐느적거리게 된다.

♦ 손동작은 내용을 고려하여 자연스럽게 하라

손동작은 너무 자주 하면 산만해 보이고, 너무 없으면 딱딱하게 보인다. 내용과 관련하여 중요하거나 강조할 필요가 있을 때는 손동작을 함께 하는 것이 효과적이다. 자신의 강한 신념을 드러내 보이고 싶을 때는 다소 큰 동작을, 좀 더 논리적으로 보이고 싶을 때는 절제된 동작을 하는 등, 내용과 관련하여 동작을 조절하는 것이 좋다.

♦ 자신감 있되, 겸손한 태도를 보여라

발표 태도는 자신감 있되, 겸손한 태도를 보이는 것이 좋다. 지나친 자신감은 거만하게 보일 수 있으며, 지나친 겸손은 비굴해 보이거나 비전문가로 보일 수 있다. "실은 잘 모르겠습니다만", "부족한 발표입니다만" 등과 같은 멘트는 자신감이 없어 보이므로 사용하지 않는 것이 좋다. 또한 "제가 이 분야에 대해서는 자신이 있습니다.", "저만큼 많이 아는 사람은 많지 않다고 생각합니다."와 같은 멘트는 건방져 보일 수 있으니 사용하지 않는 것이 좋다.

♦ 질문은 끝까지, 답변은 성실하게 하라

발표가 끝난 후, 질문을 받을 때는 성실하게 끝까지 듣는 태도를 보이는 것이 좋다. 질문이 길거나 여러 개의 질문이 이어질 경우, 발표자가 중간에 끊는 경우가 있는데 이는 좋지 않은 태도이다. 질문이 장황해질 경우에는 알아들었다는 표시로, "아, 예"와 같은 간단한 멘트를 하거나, 제스처(고개 끄덕거림)를 보내는 것도 좋은 방법이다.

하지만 이러한 제스처나 멘트를 보내도 질문자가 눈치를 채지 못하고 말을 계속하더라도 질문을 중간에 끊는 것은 좋지 않다. 청중의 질문 내용이 너무 길 경우에는 내용을 간략화하여 질문 형식으로 다시 묻는 것이 좋고, 청중의 목소리가 작아 내용이 잘 들리지 않을 경우에는 다른 청중들이 들을 수 있도록 질문 내용을 확인하는 것이 좋다. 자신이 모르는 내용을 질문 받았을 경우에는 솔직하게 시인하고, 반드시 내용을 확인한 후 알려주겠다고 말하는 것이 좋다. 때로 답변을 해야 한다는 생각에 분명하지 않은 내용을 답변하는 경우가 있는데, 이는 답변을 하지 않는 것만 못하다. 만약 팀을 이루어 프레젠테이션을 하는 경우라면 동료에게 답변을 넘길 수도 있다. 물론 이 경우에는 동료의 답변 의사를 확인하는 것이 좋다.

《실습 활동》

01 지금 우리 시대의 특징을 보여주는 키워드 하나를 선정하고, 왜 그 키워드를 선정했는지, 우리 사회의 어떤 특징을 보여 주는지 프레젠테이션을 해보자.

조건	- 수발표 시간 : 5분 내외 - 개념 정의를 포함할 것 - 그림과 그래프를 적절히 활용할 것(인터넷 자료 이용 가능, 다만 출처를 분명하게 밝힐 것)

2. 회의하기

1) 회의란 무엇인가?

회의란 두 사람 이상의 모임에서 당면한 문제를 해결하기 위해 의제를 채택하고 참여자의 동의를 얻어 필요한 사항을 결정하는 토의의 한 방식이다(이주행 외 2004:314).

회의(conference)는 좁은 의미로는 국무회의, 교수회의와 같이 조직상 명확한 기능·책임·권한이 부여되어 영속적으로 운영되는 의사결정기관을 가리키기도 하지만, 넓은 뜻으로는 필요에 따라 수시로 개최되는 다양한 모임과 그 절차를 가리킨다. 여기서는 후자를 대상으로 설명한다.

실제로 '우리 회의합시다.'라는 말을 통해 알 수 있듯이 회의는 효과적인 업무 수행을 위해 구성원들과 정보를 공유하고 일간 또는 주간, 월간의 목표와 방향 등을 결정하기 위한 회의도 있고, 조직 내 중요한 문제를 결정하기 위해 전체 구성원들의 의견을 수렴하고 더 나아가 결정하는 단계까지 나아가는 회의도 있다.

또한 업무 수행 과정에서 거래업체와 업무 수행을 위해 정보를 공유하고, 업무 협조를 이끌기 위해 조직 외부 사람들과의 협력을 위한 경우도 회의라고 볼 수 있다.

개념 정의를 통해 알 수 있듯이 회의는 '당면한 문제를 해결'하기 위한 것이다. 또한 공적 말하기인 토의의 한 유형이므로 '특정한 형식과 절차'가 있고, 토의의 정신인 구성원들의 '협력적 태도'에 기반을 둔 절차 및 모임이라고 할 수 있다.

2) 회의는 어떻게 준비하고 말을 할까?

회의를 위한 말하기는 회의를 하는 이유, 즉 목적을 효과적으로 달성하기 위한 방향으로 이루어져야 할 것이다. 다만 엄격한 절차와 구성 요건을 갖춰 운영되는 공식 회의인지 특정한 조직을 운영하는 과정에서 상시적으로 운영되는 약식 회의인지에 따라 규칙과 철차의 준수 정도가 다소 다를 수 있다.

(1) 공식 회의

조직 내의 중요한 문제를 결정하는 경우에 운영되는 회의로 회칙에 따라 절차와 형식을 엄격하게 준수하여 운영된다. 예를 들어 전국 규모의 학술모임단체인 한국작문학회의 회칙에서 '회의'규칙을 다음과 같이 명시하고 있다.

제4장 회의

제10조(총회) 총회는 회원으로 구성하며, 정기 총회와 임시 총회로 구분한다.

1. 정기 총회는 매년 상반기에 개최하며 본회의 사업, 예산 및 결산의 심의, 임원 선출, 회칙 개정 및 기타 회장이 상정한 주요한 안건을 심의·의결한다.

2. 임시 총회는 회장이 요청하거나 임원회의 결의가 있을 때, 재적 회원 1/3 이상의 발의가 있을 때 회장이 소집한다.

제11조(임원회의) 본회의 제반 사업을 위하여 임원회의를 둔다.

1. 임원회의는 회장, 부회장 및 이사로 구성된다.

2. 임원회의는 총회에서 위임받은 제반 업무를 의결 수행하고, 학회의 업무 계획을 수립하고 실천한다.

제12조(편집위원회) 본회는 학회지 편집 및 발행을 위하여 편집위원회를 둔다.

1. 편집위원은 임원회의 추천을 받아 회장이 위촉하며, 임기는 2년으로 하되 연임할 수 있다.

2. 편집위원회는 논문심사 및 학술지 발간의 제반 사항을 관장한다.

3. 논문 심사 및 학회지 편집·발간에 관한 사항은 내규로 정한다.

- 출처: 한국작문학회 홈페이지

위 학회는 예산 심의, 회칙 개정, 회장 선출과 같은 중요한 사안을 결정하기 위해서는 1년에 한번 정기적으로 하는 정기 총회를 두고 있으며, 학회의 원활한 운영을 위해 필요시 임시 총회를 개최할 수 있도록 회칙에 명시하고 있다.

또한 상시적인 학술 업무를 보다 원활하고 수월하게 수행하기 위해 임원회의를 두고, 그 임원회의는 총회에서 결정한 사안을 위임 받아 운영하도록 규정하고 있다.

이해를 위해 회의 사례를 통해 회의의 일반적인 절차를 알아보기로 한다.[3]

---

3) 사례와 절차는 이창덕 외(2010: 298-303)에서 가져온 것임을 밝혀둔다.

<회의 사례>

▷ 개회(회원들이 착석하고 분위기가 잡히면, 의장은 개회를 선언한다.)

▷ 인원 확인(서기가 출석한 인원을 의장에게 보고한다.)

▷ 회의록 낭독(서기가 전 회의록을 낭독한다.)

▷ 임원 보고(회계 및 각부 임원들이 보고한다.)

   ('이의'가 없으면 통과시킨다. 오기가 있으면 정정한다.)

▷ 의안 심의

의장 : 의안 심의에 들어가겠습니다. 의안을 제출해 주십시오.

회원 ① : 의장.

의장 : 이승희 회원에게 발언권을 드리겠습니다.

회원 ① : 전남에 있는 해원 학교와 자매결연할 것을 동의합니다.

의장 : 이승희 회원의 (전남에 있는 해원 학교와의 자매결연) 동의에 재
      청이 있습니까?

회원 ② : 재청합니다.(재청은 의장의 발언권을 얻지 않아도 된다.)

회장 : 강미소 회원의 재청으로 성립되었습니다. 이승희 회원은 의안에
      대하여 보충 설명을 해 주십시오.

회원 ① : 단상으로 나가서 설명한다.

의장 : 이 의안에 대하여 질의를 받겠습니다.

회원 ③ 질의 한다.(질의는 제안자에게 하는 것이 아니라 의장에게 한다. 제안자는 질의가 계속되는 동안 앞에 서서 답변한다. 질의가 종결되면 의장은 토의에 들어가도 좋은지 여부를 묻고 회원들이 찬성하면 토의에 들어간다.)

의장 : 토의 순서입니다. 이 의안에 대하여 다른 의견을 지닌 회원은 손을 들어 주십시오.(토의가 계속된다.)

의장 : 이제 토의를 종결하는 것이 어떻겠습니까?(의석에서 "좋습니다." 라고 하든가, 토의 종결 동의가 가결되면 토의는 종결된다.)

의장 : 표결에 들어가겠습니다. 전남에 있는 해원학교와 재매결연하자는 의안에 찬성하는 회원은 손을 들어주십시오.(서기는 찬성자를 헤아려서 의장에게 보고한다. 표결 방법은 의안에 따라 회원들에게 물어서 결정, 시행한다.)

의장 : 전남에 있는 혜원 학교와 자매결연하자는 의안은 찬성 24표로 과반수를 얻었으므로 가결되었습니다. 이제 다음 의안을 제출해 주십시오.

(같은 방식으로 동의, 재청, 의안 설명, 질의 등의 과정을 거친다.)

▷ 폐회(의장이 폐회를 선언한다.)

이 회의를 분석해 보면, 다음과 같은 순서로 진행되었음을 알 수 있다.

1) 도입 단계
· 개회 선언과 경과보고
－ 의장 : 개회 선언
－ 서기와 회계 : 인원 확인, 전 회의록 낭독, 임원 보고
· 의안 심의 시작하기
－ 의장 : 의안 제출 요구

2) 정보 교환 단계
· 원동의(原動議)와 재청(再請)
－ 회원 ① : 헤원 학교와 자매결연할 것을 동의함
－ 회원 ② : 회원 ①의 원동의에 대한 재청
· 의안 설명과 질의
－ 회원 ① : 의안에 대한 보충 설명
－ 회원 ③ : 의안에 대한 질의

3) 의사 표시 단계
· 토의 개시와 토의 종결
－의장 : 토의를 개시하기와 토의 종결하기

4) 결론 단계
· 표결과 의안의 가결
－의장 : 표결 방법 의논 후 표결/ 의안의 가결

5) 정리 단계
· 폐회 선언
－ 의장 : 회의 결과 반복 설명하기
－ 의장 : 폐회 선언하기

위의 순서를 통해 알 수 있듯이 회의 역시 준비(도입) 단계- 논의 단계-마무리 단계가 있다. 어떤 형식의 말하기나 글쓰기이든 간에 본 논의 전에 분위기를 만들고 서로 인사를 하는 준비 단계가 있고, 목적을 달성 한 후에는 정리하고 마무리하는 단계가 있다.[4]

(2) 약식 회의

약식 회의라는 명칭이 따로 있는 것은 아니지만 대체로 상시적인 업무의 일환으로 운영되는 회의는 위의 공식 회의처럼 엄격한 절차를 준수하는 것은 아니다.

다만, 약식 회의도 규칙과 절차가 있고, 토의의 기본 정신인 '협력'적 방식임을 기억할 필요가 있다.

직장에서 업무와 연관된 회의는 그 회의에서 해결해야 할 '안건'이 정해져 있고, 회의의 진행은 그 업무를 담당하는 부서의 실무 팀장급이 진행한다.

회의 운영자는 공식 회의와 마찬가지로 도입 단계에서 회의의 시작을 알리는 멘트와 함께 당회 회의에서 해결할 안건을 명시적으로 알린다.

만약 새로운 안건이 아니라 업무의 연장선에서 이전의 회의 내용을 공유할 필요가 있을 경우 이전 회의에서 어떤 논의가 이루어졌는지, 오늘 회의의 쟁점이 무엇인지 설명해 주는 것도 회의를 원활하게 진행

---

4) 하다못해 친구에게 돈을 빌리는 경우도 이러한 준비와 마무리가 있다. 대체로 먼저 "잘 지냈어.", "요즘 어때?"와 같은 인사를 한 후에 돈을 빌려달라는 용건을 말하고, 고맙다는 인사 또는 다음에 어려운 일 있을 때 연락 달라는 말과 같은 정리의 말을 하게 된다.

하는 방법이 될 수 있다. 또한 필요하다면 동일한 사안에 대해 이전 회의에서는 어떻게 처리했는지, 왜 그런 결정을 내렸었는지 등도 공유할 필요가 있을 것이다. 업무 상 회의는 업무의 효율적 수행을 위한 것이기 때문이다. 효율적인 업무란 대체로 신속하고 정확한 업무를 말하는데, 요즈음과 같이 신속한 의사결정이 필요한 시대에서는 반복적이고 중복된 일을 줄임으로써 신속하게 처리할 수 있을 것이다.

(3) 회의 준비 및 회의록 작성

직장 생활을 하다보면 업무상 가장 많이 하는 것이 회의이다. 특정한 프로젝트를 수행하는 과정에서 필요한 경우 수행하는 회의도 있지만, 대체로 상시적인 회사 업무와 관련하여 소통을 위한 다양한 회의들이 주기적으로 일어나는 경우가 많다. 또한 특정한 회기 동안에 의사결정을 해야 하는 일들을 한주, 한달, 또는 분기별로 회의를 거쳐 결정하기도 한다.

회의 전에 회의 주관 부서 및 팀의 실무 담당자는 회의를 위한 준비를 하는 것이 관례이다. 그럴 경우 실무 담당자가 회의 자료를 준비하고 회의록을 작성하게 된다.

회의록은 특정한 형식이 정해져 있지는 않으나 기업에서 특정한 회의록의 양식을 구비하고 있을 경우에는 회사의 양식에 따라 기록하면 된다. 만약 양식이 없다면 다음과 같은 내용들이 들어가는 것이 좋다.

먼저, 회의 개요를 작성한다. 회의 개요에는 회의 일시와 회의 장소, 회의 주관자(또는 진행자), 참석자 및 불참자에 대한 정보 등이 들어간다.

다음으로 회의의 안건을 적는다. 회의는 구체적인 해결 문제가 있을 때 열리는 것으로 구체적인 회의 안건을 해결하는 것이 회의의 목적이다. 그러므로 해당 회의에서 해결할 안건을 분명하게 회의 참석자들과 공유함으로써 문제 해결에 집중할 수 있도록 한다.

　마지막으로 회의 진행 결과를 적고 다음 일정을 조율한다. 회의 안건에 대해 결정된 사항과 앞으로 더 논의해야 할 사항들에 대해 구분하여 적고 논의 결과에 대해 참석자들에게 확인하고 향후 논의 사항 및 회의 일정을 잡는다.

○○○프로젝트 수행을 위한 업무회의

1. 회의 일시 : 20○○년 ○월 ○일 13:00

2. 회의 장소 : 본사 제1 회의실

3. 회의 주관자(또는 진행자) : ○○팀(팀장 김○○)

4. 참석자 : 이○○(과장) 김○○(대리), 손○○(대리), 윤○○(팀원),
            박○○(팀원)

5. 불참자(미참석자) : 강○○(※사유: 공무 출장 중)

6. 회의 안건 :
   ① 프로젝트 수행을 위한 업무 분담
   ② 다음 회의 일정 조정

7. 회의 결과 :
   ①

   ②

8. 기타 특이사항 :

01 팀 프로젝트를 수행하기 위한 회의를 우리 팀에서 주관해야
한다. 자신이 회의 담당자라고 가정하고 무엇을 준비해야 할
지 내용을 적고, 하나하나 체크해 보자.

02 내일이 회의 날인데, 진행하던 일이 문제가 생겨 회의 시간
까지 회의 안건을 결정하는 데 필요한 자료를 준비할 수 없
는 상황이다. 담당자로서 어떤 조치를 취할지 적어보자.

03 회의 진행 중 결과가 도출되지 않았을 때, 즉 서로 상반된 의견이 개진되었을 때, 회의 주관자로 어떤 방식으로 회의를 마무리할 것인지 함께 얘기해 보자.

3. 대화하기

1) 대화란 무엇인가?

대화란 상대방과 직접 마주 대하여 이야기하는 것을 포괄적으로 지칭하는 말하기 방식으로 방송 대담, 면담, 면접 등과 같은 공식 대화와 비공식적으로 만나 취미, 시사 문제 등 다양한 주제로 나누는 담소 등으로 분류할 수 있다(이창덕 외,2000). 최근에는 전화나 SNS상에서 이야기를 나누기도 하기 때문에 '대면'에 대해서는 좀 더 폭넓은 정의가 필요하다.

일상의 대화는 다음과 같은 특징을 가지고 있다.

첫째, 일상의 대화는 직접성(直接性)이 가장 두드러진 말하기로 모든 의사소통이 상호작용이지만, 상호작용성이 가장 가시적으로 드러나는 소통 방식이다. 최근에는 전화나 SNS 상에서 실시간으로 대화를 나누기도 하지만 가장 전형적인 대화는 마주 앉아 눈을 보면서 대화하는 것이다.

대화는 구체적인 목적이 있는 경우도 있지만 대체로는 친밀감을 형성하고 유지하는 기능을 한다. 직장 생활을 하고 일을 수행하는 과정에서 공적인 업무를 위한 모임인 회의와 달리 대화는 구체적인 목적을 달성하지는 않는다. 하지만 결국 일은 사람이 하는 것이기 때문에 인간관계의 형성과 유지에 영향을 끼치는 대화 능력은 직업 활동을 하는 데 가장 중요한 말하기가 될 수 있다.

둘째, 대화는 말하기 방식 중에서 자율성이 가장 많은 말하기이다. 대화는 명시적으로 따라야 할 어떤 규칙이 있다기보다 형식에 얽매이지 않고 자연스럽게 이루어지며, 대화 당사자들의 상황을 고려하여 자연스럽게 진행된다.

하지만 명시적으로 따라야 할 규칙은 없지만 많은 연구자들은 좋은 대화가 가능하기 위한 조건들을 제시하고 있다. 이러한 일반적인 원리만 준수해도 대화를 효과적으로 할 수 있을 것이다.

■ 협력의 원리(그라이스)

대화가 진행되는 각 단계에서 대화의 방향이나 목적에 요구되는 만큼 기여하고 협력하라는 원칙으로, 다음 네 가지 하위 격률(maxim)을 들 수 있다.

- 양의 격률 - 주고 받는 대화의 목적에 필요한 만큼만 정보를 제공하라. 즉 필요 이상의 정보를 제공하지 말라는 것이다.

- 질의 격률 - 대화 과정에서 진실한 정보만을 제공하도록 노력하라는 것이다. 예컨대 거짓이라고 생각되는 말이나 증거가 불충분한 것은 말하지 말라는 것이다.

- 관련성의 격률 - 주제와 관련성이 없는 내용을 말하지 말고 관련성 있는 내용만을 말하라는 것이다.

- 태도의 격률 - 명료하게 말하라는 것으로, 모호한 표현, 중의적인 표현을 피하고 간결하고 조리 있게 말하라는 것이다.

■ 적절한 거리 유지의 원리(레이코프)

인간의 관계성과 독립성의 상반된 욕구 사이에서 균형을 유지하라는 원리로, 세 가지 원리가 있다.

- 독립성의 원리- 상대방과 적절한 거리를 유지하라는 원리로 인간은 누구나 독립성을 유지하려는 욕구가 있으니 그러한 욕구를 존중하라는 것이다.

- 관계성의 원리 - 항상 우호적인 태도를 견지하라는 원리로 인간은 독립성을 유지하려는 욕구도 있지만 또한 타인과 연관성을 유지하려는 욕구도 있으니 늘 우호적인 태도를 견지하여 관계성이 훼손되지 않도록 하라는 것이다.

- 선택권의 원리 - 상대방에게 선택권을 주라는 원리로 상대방이 독립성과 연관성이라는 상반된 욕구 사이에서 균형을 잡고 선택할 수 있는 기회를 제공해 주라는 것이다.

■ **공손성의 원리**(리치)

대화하는 과정에서 상대방에게 최대한 공손하고 예의 바르게 말하라는 원리이다. 즉 정중하지 않은 표현은 최소화하고, 정중한 표현은 최대화하라는 것으로 다음과 다섯 가지의 격률이 있다.

- 요령의 격률 - 상대에게 부담되는 표현은 최소화하고, 이익은 극대화하라. '지금 이야기 좀 합시다.' 보다는 '혹시 지금 시간 좀 있으십니까? 잠깐이면 됩니다.'가 상대에게 덜 부담되는 표현이다.

- 찬동의 격률 -비방은 최소화하고 칭찬은 극대화하라는 것이다. 칭찬을 할 때는 추상적으로 하는 것보다 구체적으로 어떤 점이 좋은지를 언급하는 것이 효과적이다. "집이 참 좋네요."보다는 "인테리어가 참 품격이 있습니다. 사모님의 세심함과 세련된 감각이 돋보이네요."가 더 효과적인 표현이다.

- 동의의 격률 - 상대방과의 의견의 차이점은 최소화하고, 공통점을 최대화하라는 원리이다. 친구가 이번 주말에 등산을 가자고 하는 경우 가고 싶지 않거나 갈 수 없는 상황일 때도 "등산? 나도 가고 싶다. 이런 날씨에 등산 가면 정말 좋을 텐데…"와 같이 동의하는 말을 한 후에 "그런데 뮤지컬 초대장이 있는데, 하필 이번 주말이 마지막 날이네"와 같이 말 할 수 있을 것이다.

- 겸양의 격률 - 화자 자신에 대한 칭찬은 최소화하고 비방은 극대화하는 것으로, 자신을 낮춰 말하라는 것이다. 토요일에 학교에서 만난 선생님이 "토요일인데도 연구하러 학교에 오셨네요. 대단하십니다."와 같이 말을 한 경우 "별말씀을요. 제가 게을러서 주중에 처리하지 못해서 나온 것뿐입니다."와 같이 말하는 경우를 들 수 있다.

- 관용의 격률 - 화자 자신의 혜택은 최소화하고, 자신의 부담은 최대화하라는 것이다. 어떤 개념을 설명했는데, 학생이 잘 모르겠다고 하는 경우라면 "그렇게 설명했는데도 모르겠어."라고 하기보다 "내가 충분하게 설명하지 못한 것 같구나. 사례를 들어 다시 설명해 줄게"와 같이 원인을 자신에게 두라는 것이다.

셋째, 대화는 교류성(交流性)이 가장 큰 말하기이다. '교류'란 '섞여 흐르는 것'을 의미한다. 즉 대화는 화자와 청자가 정해져 있지 않고 화자가 청자가 되고, 또 청자가 화자가 되는 과정이 섞여가는 쌍방향성 말하기이다.

비유적으로 말하자면 대화는 대화 참여자들이 함께 춤을 추는 것과 유사하다. 춤은 커플 댄스와 같이 둘이 추는 경우도 있고, 하나의 주제를 표현하기 위해 여럿이서 춤을 출 수도 있다. 어쨌든 멋진 춤이 완성되기 위해서는 혼자서 자신이 표현하고 싶은 것을 표현해서는 안 된다. 표현하고 싶은 무엇인가를 위해 서로의 눈빛을 보면서 함께 호흡을 맞출 때 멋진 춤이 완성될 수 있듯이, 대화는 일방적으로 자신의 말을 쏟아 내거나, 일방적으로 누구의 말을 듣는 것이 아니라 서로 주거니 받거니 하면서, 섞여 가며 교류하는 말하기이다.

2) 우리나라에서 좋은 말하기는 어떤 것인가?

의사소통 과정에서 우리가 사용하는 말과 글은 구체적인 상황 맥락 속에서 이루어진다. 그래서 어떤 말이 적절한지 그렇지 않은지는 구체적인 사회문화적 맥락과 상황 맥락에 의존한다.

그래서 어떤 곳에서나 통용되는 좋은 말하기도 있지만, 우리나라 사람들이 적절하다고 생각하는 대화 방식과 서구 문화에서 적절하다고 생각하는 대화 방식이 다르다. 문화인류학자인 에드워드 홀에 따르면 고맥락 사회와 저맥락 사회에서 생각하는 좋은 말하기는 다르다. 예컨대 저맥락 사회에서는 말의 의미를 '말 자체'에 둔다. 그래서 생각과 느낌을 최대한 직접적으로 말하는 방식을 좋은 말하기라고 생각한다. 실제로 저맥락 척도의 끝에 위치하는 북미쪽 사람은 직접적인 대화를 선호하고 뱅뱅돌리는 것을 참지 못한다.

하지만 고맥락 사회에서는 사회적 조화를 유지하는 언어 사용을 가치있게 생각한다. 그래서 직접적으로 말하는 것보다 상황적 맥락, 화자의 비언어적 행동, 관계 등을 고려한 말하기를 좋은 말하기라고 생각하고, 조화와 체면을 중시한다. 아시아와 중동 문화는 고맥락 척도의 끝에 해당하고, 우리나라도 고맥락 사회에 속한다.

이러한 좋은 말에 대한 다른 사고방식은 다른 의사소통방식으로 이어진다. 그래서 저맥락 사회에서는 대부분 정보가 외현적으로 전달되고, 그래서 의사소통 역시 외적 언어 메시지에 크게 의존한다. 또한 자기표현을 가치 있게 여기기 때문에 사람들과 대화시 직접적으로 말하고, 자신의 관점을 적극적으로 말할 뿐 아니라 타인에게 자신의 관점을 적극적으로 설득하는 말하기를 좋은 말하기라고 생각한다. 발화에 있어서도 분명하고 힘 있는 발화를 선호하고 언어적 유창성을 좋은 말하기 요소라고 생각한다.

하지만 고맥락 사회에서는 중요한 정보가 항상 외현적으로 표현되지 않고 종종 시간, 장소, 관계 등과 같은 상황적 맥락 속에 그 단서가 있는 경우가 많다. 또한 관계적 조화를 가치 있게 여기기 때문에 의견을 직접적으로 표현하는 것을 선호하지 않는다. 때로 사람들은 빙빙 돌려 주변을 얘기하고 듣는 사람이 핵심을 말하도록 한다. 예컨대 중요한 결정을 상대방이 할 수 있도록 배려하는 것이다.

다음 사례는 고맥락 사회에서 성장한 사람이 저맥락 사회에서 겪은 경험이다. 이 사례는 좋은 말하기에 대해 양쪽 사회가 얼마나 다른지를 잘 보여준다.

▶ 고맥락 사회에서 성장한 사람이 저맥락 사회에서 겪은 어려움

연구자이면서 동시에 문화 간 의사소통 과목을 가르치는 나는 문화가 대인관계의 상호작용에 미치는 영향을 면밀히 연구한다. 문화가 비언어적 단서나 언어 스타일 같은 요소에 어떻게 영향을 미치는지 파악하는 것은 쉬운 일이다. 문화가 사람들의 듣기 방식에서 담당하는 역할을 살피는 것은 그리 간단한 일이 아니다. 그러나 나는 수년간 다양한 관찰을 해왔다.

나는 한국에서 태어나고 자랐는데, 그곳에서 권리 거리는 의사소통 스타일에서 중요한 요소이다. 부모, 교사, 고용주 등 권위를 가진 사람들은 많은 경의와 존경을 받는다. 이것은 듣기 스타일, 특히 듣기 반응에 영향을 미친다. 보통 상대적으로 권력이 적은 사람은 권위 있는 사람의 말을 조용히 듣는다. 질문이나 제안을 하는 것은 부적절한 도전으로 받아들여질 수도 있다. 큰 권력의 소유자는 분석, 조언, 판단과 같은 듣기 반응을 보일 수도 있다. 사실, 그들은 그와 같은 반응을 자신의 의무라고 생각하는 것 같다.

미국에 와서 대학원에 다닐 때, 나는 대화를 하는 동안 침묵하는 것이 잘못된 인상을 줄 수 있다는 것을 깨닫게 되었다. 몇몇 교수는 나를 소극적이고 무관심하다고 생각했는데, 왜냐하면 내가 그들에게 존경심을 보여주기 위해 조용히 듣고 있었기 때문이다. 그들은 나에게 의견과 피드백을 기대했다. 이것은 내 원문화의 뿌리 깊은 규범과 어긋나기 때문에, 그렇게 하는 것이 내게 쉽지는 않았다.

내가 목격한 또 다른 문화적 차이는 끼어들기(interruption)이다. 내가 말을 더듬거릴 때, 미국인들이 내가 찾고 있는 단어나 문장을 제안하는 식으로 나를 도와줄 가능성은 거의 없다. 반면에, 한국인들은 흔쾌히 끼어들어 빈 칸을 채워주고 심지어 나를 위해 문장을 완성해 준다. 미국 문화에서 끼어들기는 주도권을 빼앗는 것으로 보일 수 있다. 그러나 한국과 같은 집단주의 사회에서 사람들은 대화의 흐름을 위해 선의로 끼어듦으로써 서로 연결되어 있음을 표현한다. 그러나 다시 말하지만, 이런 현상은 동료나 부하 직원과 대화할 때만 나타난다. 대부분의 한국 사람들은 지위가 높은 사람이 이야기할 때 끼어들 엄두를 내지 못한다.

- Austin Lee [5]

그렇다면 우리나라 사람들이 생각하는 좋은 말하기 규범은 무엇일까? 사전에 올려 진 속담을 통해 주제별로 말하기 규범을 정리해 보면 다음과 같다.[6]

---

5) 위 사례는 『인간관계와 의사소통의 심리학』에서 인용한 것이다.

6) 속담을 통한 말하기 규범은 나은미(2016)의 내용 중 일부를 정리한 것임을 밝혀둔다.

	관련 규범
기호	• 말과 행동을 일치시키는 말하기를 하라. • 말하는 사람은 형식과 내용을 적절하게 결합하여 의도가 잘 드러나게 말하라. • 말을 앞세우지 말고 실천을 하라.
힘	• 좋은 화법 능력을 지녀라. • 남을 해할 수 있는 부정적인 말을 하지 말라. • 남에게 긍정적인 영향을 끼칠 수 있게 말을 하라.
가변성	• 말은 의도와 달리 해석될 수 있으니 조심해서 말하라. • 말은 의도한 청자가 아닌 누군가가 들을 수 있으니 조심해서 말하라. • 말은 쉽게 소문나니 조심해서 말하라.
표현	• 내용을 표현할 때, 적절한 방식으로 표현하라. • 말하지 않으면 모르니, 할 말은 하라.
양	• 상황에 필요한 정도의 말만을 하라.
질	• 거짓말을 하지 말라. • 진실을 말하여 상황을 그르칠 수 있는 경우라면 차라리 거짓말을 하라.
주제	• 대화 주제에 적절한 말만을 하라.
예절	• 친한 사람이라도 예의를 지켜 말하라. • 상대방의 입장을 고려하여 말하라.
배려	• 남의 잘못을 들춰내지 말라. • 남의 말, 특히 험담을 하지 말라.
경청	• 누구의 말이든 상대방의 말을 귀를 기울여 들어라. • 무조건 듣지 말고 들을 만한 내용인지 판단하며 들어라. • 말하는 사람의 의도를 잘 파악하면서 들어라. • 잘 듣고 있다는 적절한 피드백을 하며 들어라. • 들은 말은 다른 사람에게 옮기지 말라.

첫째, 언어와 행동(실천)이 일치된 말하기를 좋은 말하기라고 보았다. 우리나라 사람들은 최고의 덕목인 '인(仁)'이 눈으로 볼 수 없는 심성이라면, 그 '인(仁)'의 구체적인 표현 방식을 '예(禮)'라고 생각했다(고대혁 2009:32). 언어 활동 역시 다양한 예를 구현하는 것 중 하나이기 때문에 당연히 드러내고자 하는 바를 가장 적절한 방식으로 드러내는 것이 좋은 말하기인 것이다.

둘째, 귀 기울여 듣는 것을 좋은 경청 태도라고 보았다. 아이이든 미친 사람이든, 즉 대상이 누구든지 간에 귀 기울여 들으라고 하였다. 다만 내용을 판단하며 들으라고 한다. 즉 말을 들을 때는 그 사람의 나이나 외모, 지위 등으로 사람을 판단하지 말고 동등하게 귀 기울여 듣는 것이 좋은 경청이라고 생각했다. 하지만 듣기 방식에서는 들을 만한 가치가 있는 내용인지 판단하며 들어야 하며, 말의 의도, 핵심을 파악하며 듣고, 잘 들었음을 피드백하며 듣는 태도를 좋은 태도로 보았다.

특히 자신과 의견이 다르다고 하여 상대방이 말하는 중간에 끼어들거나 말을 자르는 것은 예의에 어긋날 뿐 아니라 효과적으로 일을 진행하기 어렵게 된다. 감정이 상하게 되면 서로 협력하여 일을 하기 어렵다는 점을 기억하고 좋은 분위기를 형성하는 데 기여하는 대화를 할 필요가 있다.

셋째, 상황 맥락에 적절한 말하기를 좋은 말하기라고 보았다. 그래서 말의 형식과 내용이 일치하지 않는 거짓말을 좋지 않은 말하기라고 보지만, 아무리 바른 말이라도 상황을 좋지 않게 하는 말이라면 차라리 거짓말을 하는 것이 낫다고 보았다.

넷째, 관계를 중시하고 유지할 수 있는 말하기를 좋은 말하기로 보았다. '누구의 딸, 누구의 아내'라는 표현을 통해 알 수 있듯이 한국인에게 한 개인은 혼자일 때조차도 관계성을 고려한다. 그래서 인간관계에서도 개성이 강한 인물보다는 조화로운 인물을 가치 있게 평가해 왔다(이석주 2009:23).

그래서 말을 할 때는 관계성을 고려한 말하기가 중요하다. 실제로 대화 주제도 상대방에 따라 적절할 수도 적절하지 않을 수도 있다. 예컨대 우리나라의 경우 딸과 엄마가 아무리 친해도 성적인 문제를 대화 주제로 삼지 않는다.

다섯째, 상대에 대해 예절을 지키고 상대방을 배려하는 말하기를 좋은 말하기라고 보았다. 위에서도 언급했듯이 우리나라 사람들이 생각하는 '예'는 단순한 형식이 아니라 '마음'을 대신하는 것이다. 에둘러 말하기와 같은 간접 화법이 발달한 이유도 청자에게 선택권을 주고 배려하려는 것임을 알 수 있다.[7]

---

7) 간접화법은 문장의 형식과 명제 내용이 일치하지 않는 표현법이다. 예를 들어 우리나라 사람들은 직접적으로 "창문 좀 닫아라."와 같은 명령문으로 명령을 하기보다는 "창문이 열렸네." 또는 "좀 춥지 않니?"와 같이 진술문이나 의문문의 형식을 빌려 '창문을 닫아라.'라는 표현을 간접적으로 한다.

───────────────────

01   우리 말 속담 중에서 그라이스의 '질의 격률'에 해당하는 속
담을 찾아보자.

02   상대방과 대화 중, 서로 다른 의견으로 대화가 단절되었을
때 어떻게 대화를 계속 이끌어가며 좋은 분위기로 전환할 것
인지 자신의 전략을 말해 보자.

03 다른 문화권의 사람들과 대화 중에 우리나라와 다른 점을 발견한 것이 있는가? 무엇이었는가? 그때 어떻게 대처하였는지 자유롭게 말해 보자.

04 어떤 문화권에서도 통용되는 좋은 대화 주제 및 방식이 있다고 생각하는가? 무엇인가? 왜 그렇게 생각하는지 자유롭게 말해 보자.

4. 소개하기

1) 소개란 무엇인가?

직업 생활을 하다보면 업무로 새로운 사람들을 만나는 일이 자주 발생한다. 처음 만난 사이에서는 서로를 소개하게 된다. 소개를 하는 의미는 '둘 사이에서 양편의 일이 진행되게 주선함'이라는 사전적 정의가 보여주듯이 효과적인 업무를 위한 소개임을 기억하자.

소개는 '누가', '누구에게', '무엇을'을 소개할 것인지를 염두에 두어야 한다. 실제로 국어사전에는 '소개하다'에 대한 이러한 다양한 의미가 잘 기술되어 있다. 즉, 소개의 의미는 서로에게 도움이 될 수 있도록 나와 상대방이 가진 정보를 고유하는 과정인 것이다.

소개하다 【…에/에게 …을】【 …에/에게 …을 …으로】【 …에/에게 …을 -고】

① 둘 사이에서 양편의 일이 진행되게 주선하다.
- 배고픈 사생들을 위해 암거래하는 떡집이나 기타 음식점에 소개하는 것도 그의 소임이었다.≪박경리, 토지≫
- 그는 직업소개소에 두 사람을 성실한 사람으로 소개하였다.
- 그는 복덕방 주인에게 나를 전세를 구하는 사람이라고 소개하였다.

② 서로 모르는 사람들 사이에서 양편이 알고 지내도록 관계를 맺어 주다.
- 그는 김 교수에게 박 군을 소개했다.
- 토론에 앞서 신입 단원을 여러분께 소개하겠습니다.≪이상문, 황색인≫
- 친구는 자기 애인에게 나를 죽마고우로 소개했다.

③ 잘 알려지지 아니하였거나, 모르는 사실이나 내용을 잘 알도록 설명하다.
- 그는 잘 알려지지 않은 외국의 신종 사업을 젊은 사업가들에게 소개하여 새로운 시장을 개척하고자 하였다.
- 선생님은 학생들에게 이 책을 권장 도서로 소개하셨다.
- 각 관청에 그 업소를 모범 업소라고 소개했다.

일상의 삶에서는 아는 사람이 모르는 사람을 중간에서 서로를 연결시켜주는 경우가 많은데, 업무상 거래에서는 서로를 바로 소개해야 하는 경우가 많다. 즉, 소개란 '어떤 일이 잘 진행될 수 있도록 서로를 아는 상태로 만드는 행위'이고, 자기소개란 이러한 상태로 만들기 위해 자기 자신이 자신을 소개 받는 사람에게 아는 상태로 만드는 과정임을 알 수 있다.

2) 자기소개, 어떻게 할까?

위에서 살펴보았듯이 업무상 자기 자신을 누군가에게 소개하는 이유는 함께 업무를 수행하기 위해서 이쪽과 저쪽의 의사와 능력, 방향과 목표 등에 대해 정보를 주고받는 행위이다. 이러한 행위는 프로젝트를 성공적으로 수행하기 위한 초석을 다지는 일로 매우 중요하다.

이러한 소개는 업무 담당자인 한 개인에 대한 소개이기도 하지만, 결국 그 개인은 회사의 업무를 수행하는 것이므로 기업과 기업의 정보 공유이기도 하다.

한편 처음 만나는 사이에서는 서로 좋은 대화 분위기를 이끌기 위한 도입 대화를 나누는 것은 필요하지만, 업무 상 만남과 소개는 서로가 달성하고자 하는 구체적인 목표를 가지고 만난다는 것이므로 만남과 소개의 목적을 잊어서는 안 된다.

그래서 자기를 소개할 때는 자신이 소속된 기업이 어떤 정체성을 가지고 있는지 그리고 자신은 그 기업에서 어떤 일(직무)를 하고 있는 사람인지, 그리고 기업과 자신이 어떤 목표와 방향성을 가지고 일을 하는지가 소개의 핵심 내용이 되어야 할 것이다. 가벼운 인사와 함께 자신을 소개하면서 소개 기회를 만들어 준 것에 대해 가벼운 감사 인사를 곁들인다면 좋은 분위기 형성에 도움이 될 것이다.

> "반갑습니다. ○○기업에서 온라인 영업을 담당하고 있
> 는 김○○입니다. 바쁘신 중에 이렇게 만나 뵐 수 있는 시간
> 을 내 주셔서 감사합니다."

인사를 할 때 보통 명함을 주고받는 것이 관례이다. 명함을 주고받
을 때는 다음과 같은 예절을 지키는 것이 좋다.

첫째, 명함은 항상 깨끗한 명함을 준비해 준다. 특히 업무상 사람을
만나러 갈 때는 명함의 상태를 확인하고 필요한 서류와 함께 명함도
준비해 둔다. 오물이 묻거나 태두리가 닳아빠진 명함을 상대에게 건네
는 것은 예의에 어긋난 행위로 자칫 상대방의 기분을 상하게 함으로써
일을 그르칠 수 있다. 그래서 명함은 늘 명함집에 넣어 보관하고 출근
을 할 때는 늘 명함의 상태를 점검할 필요가 있다.

둘째, 명함을 주고받을 때는 서서 주고받는다. 대체로 어떤 장소에
서 만날 경우 미리 도착해 있는 사람이 앉아 있는 경우가 많고, 그럴
경우 서로 앉아서 소개를 하게 되는데, 그럴 경우에도 명함을 주고받
을 때는 살짝 일어나는 것이 좋다.

명함은 아랫사람이 먼저 건네는 것이 관례이다. 본사와 지사 또는
본사와 대리점의 경우 본사 직원들은 자신들이 상사나 윗사람처럼 행
동하는 경우가 있는데 이는 바람직한 태도가 아니다. 나의 자세와 태
도를 낮출 때 상대방이 마음을 열 수 있다는 것을 기억하자. 특히 우리
나라는 겸양을 미덕으로 생각하는 문화이므로 나를 낮추어서 나쁠 것

은 없다. 상대의 마음을 열지 못하면 일이 제대로 이루어지기 어렵다는 것도 잊지 말아야 할 것이다.

셋째, 명함을 건네면서 회사명과 이름을 분명하게 말한다. 명함을 건넬 때는 "안녕하세요? 만나 뵙게 되어 반갑습니다. 말씀 많이 들었습니다. 시간 내 주셔서 감사합니다."와 같은 말을 하면서 인사한다. 명함을 상대방에게 줄 때는 상대가 읽기 쉽게 명함의 방향을 잡고, 고개를 약간 숙이면서 오른손으로 명함을 잡고 왼손으로는 명함을 살짝 받쳐주면 좋다. 만약 상대가 명함을 먼저 줄 경우에는 자신의 명함을 왼손에 옮겨놓고 상대의 명함을 먼저 받는다. 이때도 왼쪽으로 오른손을 받쳐주면 상대를 예우하는 느낌이 들어 좋다.

넷째, 명함을 받을 때는 양손으로 받으면서 가볍게 목례를 한다. 명함을 받은 후에는 명함 정보를 빠른 속도로 본다는 느낌으로 눈길을 한번 준 후 상대방과 눈을 맞추면서 대화를 진행한다. 받은 명함을 상대방이 보는 자리에서 만지작거리거나 구부려서는 안 되며, 상대방이 보는 자리에서 명함에 메모를 해서도 안 된다. 또한 보관을 한답시고 와이셔츠 주머니나 뒷주머니 넣지 않도록 주의한다. 서류와 함께 들고 있다가 헤어지고 나오면서 자신의 명함집에 넣어 오는 것이 좋다.

다섯째, 상대방의 이름은 꼭 그 자리에서 확인하는 것이 좋다. 요즘에는 한자 이름보다 한글 이름이나 영문 이름을 사용하는 경우가 많지만, 이름에 사용하는 한자의 경우 고유명사이기 때문에 낯선 한자일 수도 있다. 그럴 경우 그 자리에서 정중하게 물어서 정확하게 파악하는 것도 좋다. "감사합니다. 말씀 많이 들었습니다. 김 대리님"과 같이 직함을 넣어 말을 하고, "그런데 이름의 한자가 제가 처음 보는 한자입니다"와 같이 말함으로써 상대방이 자연스럽게 한자의 뜻을 말할 수 있도록 하는 것도 효과적인 질문 방법이 될 것이다.

　여섯째, 업무상 받은 명함은 회사에 돌아온 후 그날 안에 정리를 하는 것이 좋다. 명함을 정리할 때는 명함에 필요한 정보를 메모해 두는 것도 좋다. 또한 분류할 때는 '필요한 것'과 '그다지 필요하지 않는 것'으로 구분하고 꼭 필요한 것은 따로 확실하게 보관하고 휴대전화에도 저장해 둔다. 전화번호에 상대방의 정보가 뜨지 않아 실수를 하는 일이 없도록 업무상 필요한 전화는 꼭 분류하고 저장하는 습관을 들이는 것이 좋다.

01 업무상 만남에서 명함을 건네면서 자신을 소개하는 행위와 말을 짝과 함께 연습해 보자.

02 지원하는 직무를 수행 중이라고 가정하고 거래처에 자신의 업무의 핵심 내용을 어떻게 전달하면서 소개할지 그 전략을 짝과 함께 연습해 보자.

부 록

[부록 1] 일로 만난 사이에서 호칭과 지칭[1]

> ▶ 저희 회사에는 고향 선후배, 학교 선후배인 직원들이 많습니다. 사적인 자리
> 에서야 어쩔 수 없지만 마치 서로가 특별히 친밀한 관계임을 주변에 과시하
> 는 것처럼 '형', '언니'로 부르는 것이 곱게 보이지 않습니다.
>
> ▶ 남들보다 취직이 늦어져서 올해 드디어 취직을 하게 되었습니다. 그런데 같
> 은 부서 대리님이 같은 대학의 학과 후배입니다. 저는 '대리님'이라고 부르는
> 데 후배 녀석은 '○○○ 씨'라고 합니다. 뭐라 할 수도 없고 참 난감합니다.

직장에서는 직급이나 나이의 차이가 있더라도 서로 존중하는 언어
예절이 필요합니다. 예전에는 직장 내의 서열 관계가 엄격했습니다. 그
러나 서열 중심의 경직된 호칭이나 지칭이 자유로운 직장 분위기를 해친
다는 판단에서 직장 내의 호칭이나 지칭을 바꾸려는 노력이 그간에 진
행되어 왔습니다. 가족 간의 호칭과 지칭도 가정마다 분위기나 관습에
따르듯이, 직장 내의 호칭과 지칭도 직장 문화나 관습에 따라 다를 수
있습니다. 그러므로 각 직장에서 정해 쓰는 말이 언어 예절에 벗어나
지 않고 서로를 존중하고 배려하는 마음을 담은 것이라면 얼마든지 자
유롭게 사용할 수 있습니다.

---

1) 여기에 실은 내용은 국립국어원에서 발간한 『우리, 뭐라고 부를까요?』 중에서 '일로 만난
    사이' 부분을 발췌한 것이다.

1) 직장 상사를 부르거나 이르는 말

전통적으로 직장 상사를 부르거나 이를 때는 '○○[직함 이름]님'을 기본으로 하고 그 앞에 이름이나 성, 부서 등을 붙여 해당 상사를 구별해 불러 왔습니다. 직함이 없는 상사는 '선배님'과 '선생님'으로 부르거나 이를 수 있습니다. 오늘날에도 이런 방식에는 변함이 없습니다. 다만 친밀함의 정도가 높은 사이에는 '-님'을 붙여 높여 부르는 것이 서로 어색한 경우가 있습니다. 그럴 때는 '○○○ 선배', '○ 선배' 등과 같이 부르기도 합니다. 이 호칭은 본인보다 나이가 어린 선배에게도 사용할 수 있습니다.

2) 직장 동료를 부르거나 이르는 말

직장 동료는 '○○[직함 이름]님' 또는 '○○[직함 이름]'과 같이 직함을 기본으로 하여 여기에 성이나 이름을 넣어 부르는 것이 보통입니다. 직함이 없을 때는 이름이나 성에 '씨'를 붙여 쓰거나 동료라 하더라도 나이가 많다면 '선배(님)'과 같이 부를 수 있습니다.

간혹 동성의 직장 동료나 상사에게 친근함을 드러내기 위해 '형', '언니'라고 부르는 것을 볼 수 있습니다. 이러한 문화는 사적인 관계에서 비롯된 친밀함을 기반으로 하기 때문에 공적인 직장에서는 적절하다고 보기 어렵습니다. 최근에는 서열을 강조하는 직함 대신 '○○○님', '○○님'과 같이 정겹게 이름을 서로 부르는 직장도 있습니다. 직장마다 고유한 특징을 살려 바람직한 호칭 문화를 만들어 가는 것이 좋겠습니다.

직장 동료를 이르는 경우에도 호칭을 활용하면 됩니다. 성이나 이름에 직함을 붙여 지칭하는 것이 기본인데 직함이 없을 때는 '선생'이나 나이에 따라 '선배', '후배' 등을 직함 대신 쓸 수 있습니다.

3) 직장 부하를 부르거나 이르는 말

예전에는 직장에서 아래 직원을 'O 군', 'O 양', '미스터 O', '미스 O' 등으로 부르거나 이르는 경우가 많았습니다. 그러나 이러한 말은 상호 존중이나 평등한 관계를 중시하는 오늘날의 시대적 분위기에 맞지 않고, 성별이나 결혼 여부 등의 개인적인 정보가 호칭에 담기는 것도 바람직하지 않다는 비판이 끊임없이 제기되었습니다. 일반 사회에서나 직장에서도 이러한 비판을 적극적으로 받아들여 이를 개선하려는 노력이 있었습니다. 공적 영역인 직장에서는 'OOO 씨', 'OO 씨' 또는 'O대리[직함 이름]'로 부르는 것이 같은 직장에서 일하는 부하 직원을 배려하고 존중하는 태도일 것입니다. 최근에는 '씨' 대신 '-님'을 붙여 'OOO님', 'OO님'과 같이 부르는 경우도 있습니다.

4) 직장 상사의 배우자를 부르거나 이르는 말

한편 직장 상사의 아내나 남편을 어떻게 불러야 할지 고민하는 분들이 많습니다. 상사의 아내를 부르거나 이르는 말에는 '아내분', '사모님', '여사님' 등이 있고, 상사의 남편을 부르거나 이르는 말에는 '남편분', '선생님' 등이 있습니다. 그 남편이나 아내의 직함을 알고 있는 경우에는 직함으로 불러도 되고, 상사의 아내를 '사모님'으로 부를 수 있듯이 상사의 남편을 '사부님'으로 부르거나 일러도 됩니다. 이러한 방식은 직장 동료, 부하 직원 등 직장 내 구성원 모두에게 적용될 수 있습니다.

잠깐만요!

최근 나이 많은 후배나 동료를 두게 된 직장인들을 자주 보게 됩니다. 또 승진 제도가 유연해지면서 입사 선후배의 직위가 역전되는 경우도 종종 있습니다. 그런 관계에서는 전통적인 직장 내 호칭 방법인 직함 중심의 호칭을 그대로 쓰자니 서로가 어색하고, 쓰지 않으려니 서로 불편한 상황이 발생합니다. 심지어 호칭이 동료들 사이에서 갈등 요인이 되기도 합니다. 이에 따라 직급이 같은 나이 많은 동료나 후배를 존중하고 배려하는 직장 문화가 필요하다는 사회적 인식이 형성되었습니다. 그 때문인지 많은 직장에서 나이 많은 후배를 '후배(님)'으로 부르거나 직함에 '-님'을 붙여 '대리님', '과장님'이라 부릅니다.

▶ 내 고민을 부탁해요!

<질문>	사회 초년생인 신입사원입니다. 직장 동료의 배우자를 지칭하는 말이 궁금합니다. 부하 직원이나 나이가 어린 동료의 남편에 대해서도 '부군'이라는 말을 쓸 수 있나요?
<답변>	'부군'은 남의 남편을 높여 이르는 말이므로, 손윗사람의 남편이나 손아랫사람의 남편 모두에게 '부군'이라는 표현을 쓸 수 있습니다. '남편분'이라는 표현을 쓰는 것도 한 방법입니다.
답변	교사가 학부모와 전화나 대면 상담을 할 때, 본인을 "저는 ○○○의 담임선생입니다."로 소개하는 것이 적합할까요?
답변	'선생님'은 직업이나 직책을 나타내는 말이기도 하므로 자신을 가리켜 '선생님'이라고 하는 것이 불가능한 것은 아닙니다. 다만 표준국어대사전에 따르면 '선생님'은 '선생'을 높여 이르는 말로 풀이되어 있으므로, 자신을 높여 이르는 것을 자연스러운 쓰임이라 하기는 어렵습니다. '선생님'보다는 "저는 ○○○의 담임입니다."라고 소개하거나 '담임 선생', '담임 교사'로 표현하는 것이 자연스럽습니다.

[부록 2] 바람직한 실용문 사례[2)](#)

1) 인사말

(1) 답례장

_____ 님께

　날로 봄볕이 따스함을 더해 가는 계절입니다.
　댁내 두루 평안하시리라 믿습니다.
　지난 3월 17일 오후 1시 호암교수회관 컨벤션센터에서 가졌던 저희 집 큰 아이 ○○의 혼사에 여러 가지로 후의를 베풀어 주신 데 대하여 감사의 인사를 드립니다. 공사다망하신 데도 불구하고, 귀중한 시간을 내어 결혼을 축복하여 주시고 또 격려하여 주신 것을 귀중한 가르침으로 마음속에 간직하겠습니다. 무엇이라고 감사의 말씀을 올려야 할지 모르나, 우선 지면으로 이렇게 인사의 말씀을 올립니다.
　큰아이와 며느리는 저희 집 2층에 보금자리를 마련하였습니다. 아직은 모든 것이 서툴고 미거합니다. 이들은 열심히 사는 것이 바로 선생님의 은혜에 보답하는 길이라 생각하고 있습니다. 앞으로도 이들이 살아가는 모습을 지켜보아 주시고, 기회가 닿는 대로 성원해 주시고, 좋은 길로 인도하여 이들이 훌륭한 삶, 풍성한 삶을 살 수 있도록 가르침을 아끼지 말아 주시기를 부탁드립니다.
　댁내에 언제나 평화와 행복이 충만하기를 빌면서, 글월로나마 고마움의 인사를 드립니다.

2003년 3월 일

○○○·○○○

---

2) 여기에 실은 <바람직한 실용문 사례>는 국립국어원이 2003년에 조사 발표한 "실용문 실태 연구"에서 발췌한 것이다.

(2) 상사 답례장

_____ 님께

  저희 어머니께서 지난 9월 5일(음력 칠월 열여드레) 새벽 2시 13분에 새로운 세상으로 떠나셨습니다. 일곱 남매와 그 짝들, 손자녀 열아홉, 증손자녀 다섯을 하나하나 만나 보시고, 그 모두에게 축복과 당부의 말씀을 남기시고는, 먼저 가셔서 기다리고 계신 아버지께로 가셨습니다.

  어머니께서는 아픔도 괴로움도 없는 밝고 환한 저세상으로 가셨지만, 남겨진 저희들은 부모님께서 안 계신 이 세상이 허전하기만 합니다.

  이번 어머니의 마지막 가시는 길에 선생님께서 베풀어주신 따뜻한 사랑과 격려는, 모든 절차를 정중하고도 법도에 맞게 모실 수 있도록 크나큰 힘이 되었습니다. 선생님의 사랑을 깊이 마음에 새기면서, 우선 이렇게 서면으로 인사 올립니다.

2001. 9. 12.

○○○ 올림

(3) 초대장

모시는 말씀

방송 60년.

  그 소중한 문화의 꽃을 가꾸어 온 방송의 주역 프로듀서들이 보람의 둥지를 틀어 한국방송 프로듀서 연합회를 창립했습니다. 오랫동안 염원하던 창립의 기쁨을 함께 나누는 자리를 마련하오니 부디 오셔서 격려하여 주시기 바랍니다.

◇ 일시 : 2001년 7월 23일(월) 오전 10시
◇ 장소 : 가야자동차(주) 가야의 집

(4) 홈페이지 인사말

바다의 안전과 치안유지는 해양경찰이 책임지겠습니다.

안녕하십니까?
해양 경찰청 인터넷 홈페이지를 방문해 주신 여러분께 감사합니다.

평온하고 깨끗한 바다
안전하게 여가활동을 누릴 수 있는 바다
우리가 추구하는 바다의 모습입니다.

그러나 바다는 낭만의 대상만이 아닙니다.
험난한 파도에 생명과 재산이 위태로울 때
우리의 해양 자원과 해양 환경이 위협받을 때
항상 해양 경찰이 곁에 있습니다.

오늘도 해양 경찰은
보람과 긍지를 가지고 거친 몸을 던져
우리의 바다를 지키고 있습니다.

해양 경찰은 우리의 해양 주권 확보와
해양 치안 질서 확립, 국민의 안전 확보에
최선을 다하겠습니다.

이 홈페이지는 해양에 관련된 정보를 다양하고 생생하게 제공하기 위하여 운영되고 있습니다. 국민 여러분과 함께 하는 "대화의 장"이 되도록 노력하겠습니다.

해양경찰청장
치안정감 서재관

2) 질의·응답문

(1) 설명을 요구하는 질의문

글쓴이 : 윤○○   상담일자 : 2003. 10. 17. 14 : 53

<제목>

제목 : 9급 합격 후 대기 기간은 얼마나?

<첫인사>

안녕하십니까? 항상 수고가 많으십니다.

<질문 배경>

다름이 아니라 저는 지금 내년 합격을 목표로 9급 일반 행정직을 공부하고 있는데요. 집은 부산이지만 주소를 옮겨서 경남 지방직도 응시하려고 합니다.

<질문 내용>

궁금한 점은 올해 경남 지방직 일반 행정직을 꽤 많이 뽑던데, 내년에 합격한다면 발령이 날 때까지 얼마나 대기해야 하는지요?

<마무리 및 끝 인사>

일정하지는 않더라도 예상되는 평균 기간만이라도 답변해 주시면 감사하겠습니다.

---

(2) 응답문 1

<제목>

제 목 : 9월 행사는 마감이 되었습니다.

작성자 : 운영자   작성일 : 2003. 10. 01.

<첫인사>

답글 : 안녕하세요. 최광일 님.
레미안 모델하우스 가구 경매에 대한 관심에 감사드립니다.

<답변 내용>

1) 9월 이벤트는 회원 여러분의 많은 참여 덕분으로 무사히 종료되었습니다.

2) 올해 중으로 모델하우스 가구 경매가 한 번 더 예정되어 있습니다만, 구체적인 일정이 잡히지 않아 정확하게 답변 드리기는 어렵습니다.

3) 회원정보수정에서 이메일 수신에 동의해 주시면, 이벤트에 대한 안내 메일을 보내드릴 것이니 이를 참고하셔서 신청을 해 주시길 바랍니다.

<끝인사>

감사합니다.

(3) 응답문 2

담당자명 : 오현경　　　　　　　작성일 : 2003 - 10 - 04 12시 34

\<첫 인사\>

답변 : 안녕하세요? CJmall 고객 게시판 운영자입니다.

10월의 넉넉함이 가득한 토요일입니다. 즐거운 주말 보내고 계신지요? 사전에 상세한 안내가 되지 못해 혼동을 드린 것 같습니다. 죄송합니다.

\<응답 내용\>

고객님.

문의하신 글로리 이동식 행거 제품의 사은품 \<내추럴 트렁크 정리함\>은 본 상품 구매 시 구성에 포함되어 배송되는 것이 맞습니다. 우선, 본 상품을 인수하신 후 별도 배송이 이루어지오니 염려하지 마시고 조금만 기다려 주시길 바랍니다.

정확한 배송일정은 10월 6일 월요일에 전화로 안내해 드리겠습니다.

\<끝인사\>

빠른 시간 내 다시 인사드리겠습니다.
편안한 시간 되십시오.

3) 공지문

(1) 이용 안내 공지문

자동화 기기를 이용할 때의 주의 사항

1. 자동화 기기를 이용할 때 타인이 비밀 번호를 알지 못하도록 자동화 기기의 자판을 다른 손으로 가리고 입력하시기 바랍니다.

2. 자동화 기기를 이용한 후 배출된 명세표는 타인이 정보를 알지 못하도록 분쇄기에 넣거나 찢어서 휴지통에 버려 주시기 바랍니다.

3. 다른 고객이 자동화 기기를 이용하고 있을 때 대기선 밖에서 기다리는 미덕을 지켜 상호간에 안심하고 금융 거래를 할 수 있도록 도와주시기 바랍니다.

4. 은행 직원 및 경비사 직원을 사칭하여 비밀 번호를 알아내어 현금을 빼앗는 사례가 있을 수 있으니 주의하시기 바랍니다.

○ ○ 은 행(전 화 : ○○)

---

(2) 금지 공지문

○○청소년회관은 금연 지역임을 알려드립니다.

청소년을 바르고 건강하게 육성하기 위하여 본 회관에서는 금연 운동을 전개하고 있습니다.

담배꽁초가 없는 깨끗한 회관으로 가꾸어 주실 줄 믿으며 금연 운동에 적극적으로 동참하시기 바랍니다.

○○청소년회관장

---

(3) 경고 공지문

경 고

  학교 안은 금연구역입니다. 교내에서 흡연을 하면 경범죄 처벌법 제1조의 규정에 따라 범칙금을 부과합니다.

○○고등학교장

(4) 협조 공지문

협조 안내

  음식물 쓰레기를 버리실 때는 아래 사항을 준수하시어 주변 환경이 청결하게 유지될 수 있도록 협조해 주시기 바랍니다.

1. 음식물 쓰레기는 용기를 이용하여 버려 주시기 바랍니다.

2. 부득이 비닐봉지를 이용하실 경우에는 규격 봉투에 담아 주시기 바랍니다.

○○아파트 관리소장

(5) 공고 공지문

서울특별시 ○○구 제2003 - 105호

주민등록 일제정리 공고

　주민등록 주소를 실제 거주 사실과 맞추어 미정리 주민등록 사항을 정리하기 위하여 아래와 같이 일제정리 기간을 설정 정리하오니 해당되시는 분은 빠짐없이 신고하여 주시기 바라며, 기간 중에 과태료 부과 대상자가 자진신고를 하시면 과태료를 1/2까지 감해드리니 참고하시기 바랍니다.

1. 정리 기간 : 2003. 5. 22 ~ 6. 30 (40일간)

2. 신고 장소 : 거주지 동사무소

3. 신고 대상

　• 다른 곳으로 이사를 하고 주소를 ○○구에 두고 있는 무단전출자

　• 실제는 다른 곳에 살면서 주민등록 주소를 ○○구에 옮겨온 위장전입자

4. 참고 사항주민등록 신고를 기피하거나 허위신고를 하는 자는 주민등록법에 의거 처벌을 받게 됩니다.

2003년 4월 24일

○○구청장

(6) 행사 공지문

○○과 학술답사 공고

2003년 ○○과 학술 답사를 다음과 같은 일정으로 다녀올 예정입니다. 학부생과 대학원생의 많은 참여 바랍니다.

* 일시 : 2003년 4월 29일 ~ 5월 2일

* 장소 : 경상북도 영덕군

* 참가 대상 : ○○과 학부생과 대학원생

○○과 학과장

(7) 신고 요청 공지문

행정 불편 신고 안내

우리 ○○원에서는 "친절 서비스 운동"을 전개하고 있습니다.

○○원 직원의 불친절 내용과 ○○원 발전을 위한 건의 사항 등을 비치된 카드에 적어 함에 넣어 주시면 업무 추진에 적극 반영토록 하겠습니다.

국립○○원

(8) 채용 및 모집 공지문

후생 종사원 채용 공고

○○청사 계약직 후생 종사원 채용 시험을 아래와 같이 시행합니다.

1. 임용 예정 직책 및 인원구내 식당 종사원(세척, 배식) 1명

2. 응시 자격2003. 5. 28. 현재 만 20세 이상 만 40세 이하인 자

3. 시험 방법가. 서류 전형나. 면접 시험

4. 시험 일시 및 장소가. 2003. 5. 28. 14 : 00나. 장소 ○○청사 가동 1404호

5. 시험 공고 및 장소2003. 5. 21부터 2003. 5. 27까지 ○○청사 게시 판에 공고

6. 응시 원서 교부 및 접수

   가. 기간 : 2003. 5. 21부터 2003. 5. 27까지

   나. 장소 : ○○청사 관리과 후생계(가동 1407호)

   다. 제출 서류(1) 응시 원서 1부(2) 자필 이력서 1부

7. 합격자 발표 : 2003. 5. 30(개별 통지).

2003. 5. 21.

○○청사 후생시설 운영위원회 위원장

(9) 공사 공지문

공사 안내

이곳은 ○○아파트 신축 공사장입니다.
공사로 인하여 통행에 불편을 드려 대단히 죄송합니다.

- 공사 구역 : 서울시 서초구 방배동 ○○번지
- 공사 기간 : 2003. 2. 15 ~ 2004. 11. 15
- 시공사 : 주식회사 ○○건설

○○구청 환경 산업과

---

4) 보도 자료

(1) 정보 공개 자료 표지 - 단독형 - 격식형 자료

보도 자료	
1. 제목	"세계 책과 저작권의 날" 공식 포스터 배부
2. 보내는 사람	◎ 소속 : 책읽는 사회 만들기 국민운동 사무처 ◎ 담당 : 사무처장 서○○, 간사 신○○ ◎ 전화 : 02)725 - 8784 ◎ 팩스 : 02)725 - 8739 ◎ 홈페이지 : http : //www.bookreader.or.kr ◎ 이메일 : read3@chollian.net ◎ 주소 : (110 - 240) 서울특별시 종로구 안국동 164 선진빌 딩 3층
3. 받는 사람	◎ 소속 : 언론사 ◎ 담당 : 문화부, 도서 . 출판 담당자
4. 매수	◎ 표지 포함 2매
5. 참고 사항	◎ 배표 일시 : 2003년 4월 18일 ◎ 사용 기간 : 2003년 4월 20일

(2) 정보 공개 자료 표지 - 단독형 - 비격식형 자료

보도 자료	
제목	대전시티즌 AFC 챔피언리그 첫 승
발신	담당 : 대전시티즌 추구단 ○○○ 전화 : ○○○ - △△△△
수신	프로축구 담당자
배포	2003. 3. 10(월)

(3) 정보 공개 자료 표지 - 첨부형 - 격식형 자료

발신	소비자안전국 생활안전팀 팀장 김○○ 3460 - 2222 이○○ 3460 - 3333
수신	○○신문 △△부
분량	총 6매
배포 일자	2003년 4월 18일
보도 일자	이 자료는 보도 일자에 제한이 없습니다.

⑷ 정보 공개 자료 표지 - 첨부형 - 비격식형 자료

보도 자료	
제목	주간 수산물 동향
담당	노량진수산(주) 기획팀
연락처	TEL. 02) 814 - 2212 FAX. 02) 812 - 4130
배포 일자	2003. 3. 11
분량	총 2매(첨부 1매 포함)

참고문헌

국립국어원(1999),『표준국어대사전』, 두산 동아.

김경태(2006),『스티브 잡스의 프레젠테이션』, 멘토르.

김문오(2002),『제품 설명서의 문장 실태 연구 I』, 국립국어원.

김문오(2003),『제품 설명서의 문장 실태 연구 II』, 국립국어원.

김미림(2006), 효과적인 프레젠테이션을 위한 화법교육 연구, 선문대학교 석사학
위논문.

김애순(2010),『청년기의 갈등과 자기 이해』, 시그마플러스.

김온양(2005),『매뉴얼 쉽게 만들기』, 예동이.

김정아(2010), 모의 면접이 진로신념과 진로태도 성숙도에 미치는 영향에 관한
연구,『한국비서학회지』19(2), 한국비서학회, 119-135.

나은미(2007), 효과적인 프레젠테이션의 조건 및 평가에 대한 고찰,『화법연구』
11, 35-66, 한국화법학회.

나은미(2011), 장르 기반 텍스트, 문법 통합 모형에 대한 연구-취업 목적 자기소개
서를 대상으로,『우리어문연구』41, 167-195, 우리어문학회.

나은미(2012), 대학에서의 면접 교육의 방향 및 지도 방법,『화법연구』21, 47-
79, 한국화법학회.

나은미(2016), NCS 직업기초능력으로서 의사소통능력의 검토와 대학에서 의사
소통교육의 방향,『작문연구』28, 93-122, 한국작문학회.

나은미(2016), 속담에 나타난 화법의 원리 탐색, 언어와 정보사회 28권, 149-172,서강대학교 언어정보연구소.

나은미(2018), 취업 목적 장르의 정체성과 자기소개서 및 면접 교육의 설계, 『리터러시연구』 9권 2호, 131-159, 한국리터러시학회.

문화관광부(2000), 『이런 말실수 저런 말실수』, 동화서적.

박상진, 황규태(2000), 면접구조화가 면접의 신뢰성과 타당성에 미치는 영향 연구, 『인사조직연구』 8(2), 한국인사조직학회, 93-110.

박용찬(2005), 『일본어 투 용어 순화 자료집』, 국립국어원.

박진희·이상희(2013), 대학생의 자아정체감 지위와 자아정체감 유형에 따른 심리사회적 성숙의 차이, 『상담학연구』 14원 2호, 1015-1032, 한국상담학회.

사고와 표현 교육과정위원회(2009), 『글쓰기ing』, 한성대출판부.

서봉연(1986), 청소년의 자아 정체감 확립, 『한국아동학회 학술발표논문집』 1-8, 한국아동학회.

손세모돌(2002), 발표에서의 부차 언어 연구, 『화법연구』 4, 183-213, 한국화법학회.

손중선 외(2007), 『로마자 표기 현황 실태 분석』, 국립국어원.

신지영(2007), 말하기의 음성적 비언어 능력 평가, 『구어적 의사소통능력 향상을 위한 교육 프로그램 연구』(제3회 국립국어원·MBC문화방송 공동 연구발표회 발표집), 15-51.

양명희(2005), 『국어사용환경 조사』, 국립국어원.

양명희 외(2003), 『실용문 실태 연구』, 국립국어원.

원진숙(1997), 말하기·듣기 영역의 평가, 『서울대 국어교육연구소 학술발표 자료집』, 99-138.

원진숙(2001), 교사화법교육의 내용과 방법, 『국어교육학연구』 12, 265-295, 국어교육학회.

유동엽(2006), 판별함수를 활용한 화법능력의 평가에 관한 연구, 『국어교육학연구』 제25집, 315-339, 서울대 국어교육연구소.

윤광희(2009), 『채용면접기술-역량면접 전문 SKILL과 실전사례』, (주)중앙경제.

이석주(2000), 신체언어와 의사 전달, 『국어교육』 101, 65-93, 한국어교육학회.

이수라 외(2006), 『대인관계 능력과 프레젠테이션 기술』, 글누림.

이은희(2004), 4부-화법 교육 평가, 『화법 교육의 이해』, 도서출판 박이정.

이주행(1983), 『화법의 원리와 실제-어떻게 하면 말을 잘 할 수 있을까』, 경문사.

이주행(2000), 『방송 화법』, 도서출판 역락.

이창덕 외(2000), 『삶과 화법』, 도서출판 박이정.

이철기·한상일·정현석(2013), 역량기반 선발도구 개발에 관한 사례연구, 『직업능력개발연구』 16(3), 107-129, 한국직업능력개발원.

이형래(2007), 직장에서 요구되는 국어능력에 관한 조사 연구, 『국어교육』 122, 85-115.

임재춘(2002), 『한국의 이공계는 글쓰기가 두렵다』, 마이넌.

임재춘(2003), 내 인생의 글맛을 알기까지, 『글쓰기의 쾌락』(신동아 창간 72호 특별 부록), 신동아.

임재춘(2005), 『한국의 직장인은 글쓰기가 두렵다』, 북코리아.

임태섭(1997), 『스피치 커뮤니케이션』, 연암사.

장경희·권우진·김순자·김정선·김태경·이필영·전은진(2006), 말하기 능력 평가에 관한 요구 조사, 『한국언어문화』 31집, 353-388.

조재윤(2004), 프레젠테이션 교육의 문제점과 그 개선 방향, 『화법연구』 7, 93-113.

조재윤(2006), 국어과 말하기·듣기 평가 실태 조사 연구, 『화법연구』 9, 115-141.

조재윤(2007), 말하기 평가의 요소 설정 연구-델파이 기법을 이용하여, 『새국어교육』 75, 337-358.

조태린(2006), 『2006 공공기관 누리집의 언어 사용 실태』, 국립국어원.

직업과 미래연구회(2015), 『행복한 삶을 위한 직업과 윤리』, 신지서원.

최기종(2006), 『매너와 이미지메이킹』, 백산출판사.

최윤정, 김세준(2009), 『뽑고 싶어 안달나게 하는 면접 답변법』, 북블래닛.

최재천(2012), 2012 서울 국제도서전 인문학 아카데미 강연 내용, 『뇌와 과학』, 2012. 6. 21.

황성근(2006), 『너무나도 쉬운 비즈니스 글쓰기』, 한겨레출판.

황혜진·조계숙(1998), 효과적인 프리젠테이션에 대한 연구, 『비서학논총』 7-1, 125-142, 이화여대비서학회.

후크하라 마사히로, 김정환 옮김(2014), 『하버드의 생각 수업』, 엔트리.

마샬 델루카, 하영목 편저(2004), 『면접의 기술-최고의 질문 최고의 답변』, 가산출판사.

사이토 마코토, 양영철 옮김(2002), 『기획서·제안서 작성법』, 삼양미디어.

페터 우르스 벤더, 강분석(2000), 『성공을 부르는 파워 프리젠테이션』, 사람과 책.

진 젤라즈니, 김한영 옮김(2006), 『프리젠테이션으로 말하라』, 씨앗을 뿌리는 사람들.

Adler & Proctor(2014), 정태연 역(2015), 인간관계와 의사소통의 심리학, 교육과학사.

G. E. Myers & M. T. Myers, 임칠성 역(1995), 『대인관계와 의사소통』, 집문당.

M. Bryan, 윤희원 역(1995), 『좋은 화법과 화법 지도』, 교육과학사.

Miller, C.(1984), Genre as social action, Quarterly Journal of Speech 70.

Swales, J.(1990), Genre Analysis, Cambridge University Press.

관계부처 합동(2017), 공공기관 블라인드 채용 가이드라인.

SBS 뉴스(2020. 1. 13)

YTN 뉴스(2015. 5. 17)

국가직무능력표준 www.ncs.go.kr

국민일보 쿠키뉴스(2011. 9. 15)

국민일보(2007. 6. 11).

뉴시스(2007. 11. 5).

데이터 뉴스(2008. 6. 13).

동아일보(2007. 8. 4).

메트로(2007. 11.7)

문화일보 2015. 3. 27).

문화일보(2007. 3. 6).

서울경제신문(2006. 2. 5).

서울신문(2007. 7. 13).

연합뉴스(2009. 9.7)

연합뉴스(2011. 9. 15)

연합뉴스(2019. 9. 10)

연합뉴스(2019. 9. 19)

연합뉴스(2919. 9. 9)

중앙일보(2009. 3. 5).

파이낸셜뉴스(2013. 7. 9).

한겨레 21 646호 특집호 기사.

한국고용정보원(2009. 5배포) 보도자료.

한국일보(2003. 3. 28).

한국일보(2003. 3. 28).

헤럴드 경제(2016. 10. 10)